入門

哲学としての仏教

竹村牧男

講談社現代新書

1988

目次

序　仏教はとても斬新な哲学である

仏教という知性

仏教というと、どんなイメージであろうか。仏教と聞けば、まずはお寺を思い浮かべるであろう。それは、家の近くのお寺であろうか。京都や鎌倉で訪ねたお寺であろうか。日本的な静寂な環境で、清浄な庭園があり、松がたくさん植わっていたり花がたくさん咲いていたりする。そこには世間を離れた、閑雅な世界が広がっていよう。おそらく身近なお寺の場合は、ちょっと裏手にまわったりすると、お墓がたくさんあって、お線香のにおいも漂っていたりする。そして結局、仏教とは葬式をする宗教だ、などというところに落ち着くのかもしれない。

よく葬式仏教などといわれるように、一般に仏教はもっぱら死者の供養に関わるもの、と思われたりしているようである。だが、亡くなった方を鄭重《ていちょう》に送り、ご遺族をねんごろに癒すこと、このことはたいへんな仕事ではなかろうか。実際、私も心底より尊敬せずにはいられないものがある。とはいえ、もちろん本来、仏教は葬式のためだけにあるものではない。むしろ生きる人の、生きていくことの拠り所となるためのものにちがいない。もとより宗教とは、そういうもののはずである。

仏教とか宗教という言葉を聞くと、何かいかがわしいものと思ったり、自分には関係ないものと思ったりする人が多い。特に若い人はそうであろう。実際、そういう面も一部にはあるのだから、これは仕方ないことである。

だが、では人は、まったく何も拠り所なしに生きているであろうか。むしろ案外つまらないことにこだわったりして、心の安定を保持していたりはしないであろうか。偏差値信仰とか、ブランド信仰とかもあるかもしれないし、先生・父母の言葉を拠り所にしているのはまだよいほうで、星座占いや時に血液型占いなどというものをけっこう日々の支えにしているかもしれない。それなら、古人が深く深くいのちと世界とを掘り下げた宗教の教えを勉強してみるのも、悪くはないにちがいない。

たしかに、頭ごなしの絶対者とか、偏った宗派性とかは、いやなものである。しかし特に昔からの仏教は、きわめて哲学的で、知性を重んじ、客観的な真理を追究するものでもあるのだ。今日の哲学に勝るとも劣らない、深い知性があるのである。それはきっと人びとの人生を、なんらかのしかたで豊かなものに深めていくことであろう。

これから私が語ろうとすることは、そういう側面に限ってであり、すなわち「哲学としての仏教」に光をあててみようと思うのであって、宗派性はいっさいない。実際、私はこれだけが絶対正しいと主張する立場は、この地球社会の時代に、もはや克服されなければならないと思っている。そういう自宗絶対主義は、グローバルなこの時代を愚弄するものだと思う。

異端から世界宗教へ

それはともかく、まず、仏教は古いものではなく、新しいものなのだ、ということから話をはじめてみよう。日本の仏教は、聖徳太子の本格的な導入と研究からはじまるといってもさしつかえないであろう。もっとも、史実を克明に追う立場からはいろいろな問題も出てくるかもしれないが、今は伝統的に語られてきた聖徳太子像をふまえることにして、概して聖徳太子は仏教を取り入れて、当時の東アジア諸国と肩をならべる、あるいは抜きん出た、文明先進国を形成しようと尽力したといってさしつかえないと思われる。というのも、その当時の仏教とは、要するに学問そのものなのであり、文明そのものなのであって、たとえば宮中で仏教の講義がおこなわれているか否かが、その国の先進性のものさしになったりしていた。そのくらい、仏教はその頃は「世界基準」であったのである。だから聖徳太子は、当時のもっとも新しい文明すなわち仏教を取り入れて、大国の中国にも負けないような、堂々とした国づくりをしようとしたのである。

仏教がどうして世界基準になりえたかといえば、やはりそこに、人間存在にかんする、奥深くてしかも客観的な真理が存在していたからであろう。そういうものがなければ、すぐその虚妄性を見破られ、弊履《へいり》のごとく捨てられてしまうであろう。弊履というのは、履き古されくたびれた靴のようなものである。

そうだとして、では仏教はなぜ客観的な真理を説くことができたのかが問題である。しかもその仏教というのは、特に東アジアに限っていえば、大乗仏教である。では大乗仏教は、なぜ普遍的な真理を持ち合わせていたのであろうか。いうまでもなく、仏教には大乗仏教と小乗仏教があるのだが、そのちがいについて、読者の皆さんは知っているだろうか。大乗仏教とはどういう仏教か、知識はあるであろうか。今、その説明を詳しく述べているいとまはないので、後にふれることにしたい（二八頁参照）が、この大乗仏教自体、釈《しゃく》尊《そん》以来の仏教に対して新興の仏教であり、行（禅定《ぜんじょう》）体験にもとづいた深遠な哲学を展開するものであった。もちろん、それまでの仏教にもそういう面は多分にあったが、大乗仏教は世界の分析などにおいて、それまでの分析をもっともっと深めたものであった。そこには、大乗仏教徒のあらゆる知性が注ぎこまれ、今日存在する西洋哲学に勝るとも劣らない「知」の体系が構築されていったのであった。だから大乗仏教は最高の学問として、各国でその受容を競いあったのである。

じつは釈尊の思想そのものが、その時代の伝統的な宗教＝バラモン教に対する、まったく斬新《ざんしん》な新宗教であった。伝統のバラモン教のアートマン（常住の我）の思想に対して、それをまっこうから否定する無我を唱えたのであるから。当時の通念とはまさにさかさまの思想を説いたのだ。無我の教えについては、たいへん重要であるから、また後であらためて話すことにしよう。じつは仏教は、そういう意味では、インドの伝統思想の大きな潮流の前では、むしろ異端なのである。しかしながら、その異端の仏教の方がもっぱら深い真理を有していたがゆえに、世界宗教になりえたわけである。

ともかく新宗教の新宗教（新新宗教）ともいうべき大乗仏教は、アジアの古代において、その先進性のゆえに当時最高の哲学・学問と思われていたことはまちがいない。ところが、ではそれは昔のことで、もはや現代には通用しないかというと、私はまったくそうではないと思っている。むしろ依然としてじつにモダンであり、超モダンと言ってよいと思っているほどである。

近代合理主義の限界

というのも、話は急に現代に飛ぶが、今、地球環境は深刻な危機に陥っていると見られていよう。もしかしたら、あと五十年も持たないかもしれないなどと言われるほどである。私どもはもうすぐ娑婆からおさらばしてさばさばするからいいが、若い人たちはこれからが人生の本番である。それが、ひどい環境のなかに生きることを余儀なくされて生命の安全さえも脅かされるとしたら、どうすればよいのであろうか。この事態に対しては、我々も真剣に考えなければならないはずだ。こういう状況をもたらしたものは、一言でいえば、これまでの科学・技術であろう。その根本は、近代合理主義といってもよいのかもしれない。その本質は、存在を主観の前の対象にのみ見て、その対象を分割して分割して、これ以上分割できないものを見出して、それが見つかったらそれらを操作していくもの、といえよう。すなわち、ディヴァイド・アンド・ルールの立場である。このルールはこの場合、動詞で、動詞のルールは、支配するという意味である。

たしかにこの立場は大成功をおさめて、我々は物質的にとても豊かになった。その恩恵は測りしれないほどである。大量生産も可能となり、大量消費も可能となった。しかしよくいわれることだが、そこには大量廃棄もともなわれていた。そこで、公害が出てきたり、環境汚染・環境破壊が止めどもなく進んだりした。このことは、もうそこらじゅうで言われていることである。

この問題の本質は、物事の連関性や全体性の方面に目を向けていなかったことである。

ここには、研究の対象を客体のみにおき、主体・主観の側は不問に付したままにいる、という問題もある。主観・客観の二元論を疑わず、しかもその客観のみを対象として、主観の側は顧慮しないのだ。だが、本当の自分とは、主観の側、主体の側にあるのではないであろうか。主観を捨象してしまったら、自己のことなどいつまでも自覚できない、わからない、ということになってしまうであろう。

つまり大雑把に言えば、今日の地球社会の危機の背景には、主客二元論・要素還元主義があるといえる。ところが仏教はそうした立場に、もとより根本的な批判を加えているのである。批判というのは、攻撃ではなく、吟味検討のことである。仏教の根本概念は、無我と縁起ということができるが、それは根本的に、実体（自己自身で自己の存在を支える、常住不変な存在）を否定し、関係主義的立場に立つものといえる。この関係主義的世界観こそ、今日のエコロジーの基盤だし、あるいはフラクタルとか複雑系とかにも関係していよう。縁起（関係論）の哲学を最高度に高めた華厳《けごん》の思想、重重無尽の縁起を説くその華厳の思想などは、まさに超モダンそのものである。

というわけで、仏教はじつはきわめて現代的な、近代合理主義を超えて未来を開く思想を豊かに蔵している。

これから解説してみるテーマのなかには、たとえば阿頼耶識《あらやしき》という心のことがある。それは深層意識のことにもほかならないが、意識下の世界の究明は、西洋ではフロイトやユング以来、つい最近のことであろう。しかし仏教では、千五百年以上も昔からその世界に気づき、しかもその世界を体系的に理論化してきたのである。ユングが臨床において注目した曼荼羅様式の図についても、はるか昔から仏教（密教）は用いてきた。

アトム（原子）的にも形而上学的にも常住不変の実体的存在を否定する空《くう》の立場は、西洋現代思想の主潮だが、仏教はこれを二千年ほど前に先取りしているし、その空性の思想は今日、キリスト教の神（絶対者）の解釈にさえ、深い影響を与えている。神はシューニャター（空性）で理解したほうが、かえってイエスの明かした神に近いとさえ言われているのである（ジョン・B・カブ・Jr.著、延原時行訳『対話を超えて——キリスト教と仏教の相互変革の展望』行路社、一九八五年、二〇三〜二〇四頁参照）。かつて一世を風靡《ふうび》したニュー・エイジ・サイエンスの旗手、フリチョフ・カプラは、理論物理学の先端が示す世界観は、仏教などの古代東洋の神秘主義が示す世界観モデルと一致することを熱心に主張していた。これらからだけでも、いかに仏教が超モダンかが知られるであろう。したがって、仏教は古今を通じて、つねに新しさを具《そな》えたものなのである。

自己とは何かを究める

仏教にはそういう面が多分にあるのだが、ただ仏教の本旨はやはり宗教であるので、世界の優れた分析・把握のみにはとどまらないものがある。それは、自己とは何かが根本主題となっているということである。人生とは、結局、自分探しの旅と言えるであろう。その肯《うなず》き、了解があって、はじめて社会生活もしっかりとした基軸のもとに送っていけるにちがいない。とはいえ、そう簡単に自分が見つかるわけではないとは思うが、それでも仏教は、本当の自分とはここにあるのではないかと、いろいろと教えてくれている。無我というあり方のなかにある本当の自分のことを、指し示してくれているのだ。だから、ありがたくうれしいのである。

宗教というと、神様を信じたり、仏様を信じたり、いわしの頭を信じたりすることと思うかもしれないが、私は必ずしもそのように思わない。むしろ、自己とは何かの究明の道が宗教だと思っている。これを昔の人は、「己事究明」といった。「こじきゅうめい」、いい言葉ではないか。このことを徹底しておこなう。徹底して、自己のいのちの意味を掘り下げる。そのなかで、自己を超えた存在に出会うこともあるであろう。自己が絶対に否定されて、しかしまた絶対に肯定される、という不思議に出会うこともあるであろう。

一昔前には、実存主義という哲学が大いに流行ったものであった。キルケゴールにはじまり、サルトルやハイデッガーもその流れのなかにあった。それは、本質あるいは普遍的な真理などない、今・ここの現実のみがすべてに先立つというのである。軌範も価値観もすべてが崩壊した荒野に立ち尽くす趣きである。しかし、あえてそこに立つ者が、さらにそこを突破したところに、宗教の救いがあるのではないか。

現代の思想状況には、ニヒリズムが色濃くたちこめている。ニーチェ以来、神は死んで、すべてが相対化されて、あるいはただ資本主義のシステムが動いていくだけで、このかけがえのないいのちの手ごたえをおよそ持てずにいる。そういうしらけた時代が現代である。しかし仏教は、もうすでにいわばそのニヒリズムの方向に徹し、そしてそのニヒリズムを超え出て、真実の自由といのちの味わいを獲得する道ともなっている。ちょっと先回りするが、遊戯三昧《ゆげざんまい》のなかに、他者に尽くしてやまないいのちが湧き出てくるのだ。こんなすばらしい句が、禅にはある。「他の痴聖人《ちしょうにん》を傭《やと》うて、雪を担《にの》うて井《せい》を埋《うず》む」。井戸を埋めようとして、せっせせっせと雪を放り投げてやまないという。何にもならないことに黙々とはたらいて、功も利も名も一切顧みない境地である。なお、ここの「他の痴聖人」とは、じつは自己のなかにいる本来の自己のことである。

自分探しの旅へ

もう一度言えば、宗教とは、本来はやみくもに何かを信じることではなく、ひたすら自分探しの旅の道である、ということだ。

そのもっとも典型的な象徴は、『華厳経』「入法界品《にゅうほっかいぼん》」の、善財《ぜんざい》童子の求道《ぐどう》遍歴物語であろう。善財童子を、知っているであろうか。昔は誰でも知っていたのだけれども。善財という少年が、五十三人の善知識を訪問して教えを請い、成長していって、ついにこの一生の求道の旅において、成仏を果たした、という物語のことである。今の一文にも、すでに知らない言葉があったかもしれない。善知識っていったい何、成仏って、いったい何のこと、と。

善知識というのは、もとの言葉は「善き友」という意味であるが、人生において自分を導いてくれる徳のある人、といったほどの意味である。いわゆる知識のことではなく、人間のことである。善財童子は、五十三人のいわば先輩を訪ねて、謙虚に教えをいただいて、そして成長していった。東海道五十三次の宿場（駅）は、これに由来するという説もあるくらい、昔はこの物語は有名なものであった。

成仏というのは、実際、仏に成ることではあるが、そもそも仏ということは何なのかが問題である。仏というのは、ブッダというサンスクリットの言葉のことで、その意味は、覚者、目覚めた者、真理を自覚した者のことである。真に自己実現を果たした者のこと、と言っておこうか。この自己実現とは、自分のいのちを限りなくいとしみ、また他人のいのちをも、どこまでもいとしんでやまないあり方が成就することと、まずは言っておこう。成仏ということを、まちがっても死ぬことなどと思わないでほしい。日本では、死ぬことをお陀仏とか、お釈迦になったとか、なにか変な誤用がまかり通っているけれども。

ともかく、人間として生まれて、誰だって一度は自分探しをしなければ落ち着けないであろうが、そのことを本当の意味で達成できるのは、純粋な心を持った者でなければならないということを、善財童子が体現しているであろう。恥ずかしながら私も、生涯一童子のつもりでいる。

というわけで、仏教は思想・哲学としてすごく面白いし、と同時にあらゆる人に、今後の人生にとても豊かなものを贈ってくれるであろう。だから、これからぜひ、この「哲学としての仏教」の解説を読んでみてほしいと思うのである。

第一章　存在について——本体なき現象の生成

あるということ

さて、仏教の思想を解説していくにあたって、まず仏教が「存在」をどう見ているか、からはじめることとしよう。存在というと、いかにも深遠な気がするかもしれないが、実際、仏教は「哲学」そのものなのである。あるものは何なのか。あることとはどういうことなのか、その他、認識、言語、時間などなど、そういうことをきちんと考え抜いているのである。本書ではそれらをひととおり解説していくつもりだが、まずは存在の問題を考えてみよう。

ふつう我々は、物があると思っている。急須がある。茶碗がある。テーブルがあって、椅子がある。その他、諸々の物があると、当然のように思っているであろう。それから、自分もある、とも思っている。生まれてから今にいたるまで、変わらない自分がある、と。これらのことは当然のようではあるが、しかしここが思案のしどころである。いったいそれらは、本当にあるといえるのだろうか。

たとえば急須。これはあるものであろうか。急須といっても、実際は土の微粒子が固められているだけで、あるのはその微粒子のみではないであろうか。もしもテーブルの角にあたったら、割れてしまう。ということは、本当は仮に微粒子がつなぎとめられているにすぎないものだということである。もしそうであるなら、一つの急須という本体、急須という本体あるもの（実体）は、ないといわざるをえないであろう。

それでは、その土の微粒子はあるといえるのであろうか。その微粒子、いわば土の粒も、炭素や珪素などの集まりなら、土の微粒子も微粒子という一つの本体あるものとしてはないということにならざるをえない。むしろそういう種種の元素があるのみということになるが、今度はその元素だって、素粒子の集まりであろう。らっきょうではないが、どこまで剝《む》いていっても、核になるものには出会えないかもしれない。だとすれば、急須は本当にあるといえるであろうか。少なくとも、急須という一つの本体はありえないと認めざるをえないにちがいない。

考えてみると、世の中、あると思われているもので、本当にあるものはほとんどないのかもしれない。テーブルは、木材の集まりにすぎず、一つのテーブルという本体があるわけではない。椅子も同様だ。今の世、高校生は、学校に何を着ていくのであろうか。私服かそれとも制服か。昔は学生服というものがあって、五つほどの金ボタンがついた真っ黒なしろものだった。その学生服あるいは私服も、いったいあるといえるであろうか。じつは服は布地からできている。その布は糸が縦・横に織りあわされたものにほかならない。だから本当は布というものはなく、糸があるだけである。とすれば学生服も私服も、ただ糸があるだけであろう。本当は学生服も私服もなかったのである。この結論に不服があるだろうか。

このことは、森という存在、林という存在でも同様のことである。木はあっても森・林はない。高校そのものも同じである。生徒や教員や建物や校庭はあっても、高校はない。森林や高校みたいなものは、あるといえないのは当然だ、しかしテーブルや茶碗はちょっとちがうと言いたいところではあろうけれども、しかし結局は同じことだということを洞察しなければなるまい。

どうも世にあると思われているものは、そのようなものばかりである。ではいったい、本当にあるといえるものには、何があるというのであろう。このとき、自然科学は、物質を構成している要素を求めて、これ以上、分けられないものとは何かを追究していった。それが、今のクォークとかサブクォークとかになっているのかもしれないが、もはやそれ自体としての本体を持ち、常住不変であって、その意味であるといえるものは、どこにも見出せないのではなかろうか。

変わらない自分はある?

一方、自分という存在はあるものなのであろうか。おそらく自分はまちがいなくあると思われていよう。デカルトは、「我思う、ゆえに我あり」といったという。だが、そういう自分という、確固とした存在が本当にあるのであろうか。この自分のことについても、やはり解剖のメスを入れてみなければならない。のっけからたいへんな課題をつきつけてしまったが、しかし仏教ではここが入り口なのだから、この問題を避けるわけにはいかないのである。では、生まれてから今にいたるまで変わらない自分とは、いったいどこにあるのだろう。

身体は、赤ちゃんから子供・青年・壮年と成長し、メタボでややひょうたんのように丸くなり、やがて老年で衰退していくのだから、変わらないとはいえない。細胞は入れ替わるというし、どこに変わらないものが見出せようか。心はといえば、つぎからつぎへと想念が湧いてくるばかりで、どこにも変わらないものなど見出せない。

いったい、自分のどこに、変わらない自分、常住の自分がありえようか。

そのゆえに、仏教は無我を標榜《ひょうぼう》するのである。ただし無我といっても、まったくこの自分がない、ということではない。ここで否定されている我とは、「常・一・主・宰」と規定されるものについてなのだ。常住で、変化せず同一で、しかも主体的な存在として考えられたものについてなのである。実際、ふだん我々が何の反省もなしに思っている自分の内容を明かせば、そういうものになるのであって、それについてないと否定したのだ。

それはそうであろう。常住な自分、つまり生まれる前からあって、死んだ後もあるような自分など、あるとはとうてい思えないにちがいない。読者のなかには、私は生まれてから死ぬまでのあいだだけの変わらない自我を考えているだけだよ、と言う人もいるかもしれないが、そういうものを哲学的に反省すれば、なくなりようもない常住の自分となってしまって、結局、仏教が定義している我と同じものになってしまう。それはやはりないといわざるをえないのではないだろうか。

そのように無我ということは、その「常・一・主・宰」の存在に限って否定したのであり、今・ここに生きている自己、変化してやまないあり方のなかに生き生きとして生きているかけがえのない自己までも否定したのではない。

ところが、ふつう凡夫の我々は、「常・一・主・宰」のような自我が無意識のうちにもあると思って、しかもそれに執着して、そうしてああでもない、こうでもないと苦しんでいる。自分を他者とくらべて、なんとか自分を守ろうとして苦しんでいる。このことに、思い当たるふしもあるかと思う。ここに根本的な迷いということがあるのである。だからあの西田幾多郎《にしだきたろう》も言っている、「迷の根源は、自己の対象論理的見方に由るのである」(「場所的論理と宗教的世界観」『西田幾多郎全集』第十巻、岩波書店、二〇〇四年、三三六頁)と。

「自分自身を保つもの」

というわけで、自我も本当にあるとはいえず、一方、世の中のあらゆる物も本当にあるとはいえないことになってしまった。ではいったい、何が、どのような意味で、あるといえるのであろうか。

仏教の存在への見方として、まず、物だけがある、心というものはない、などとは見ていない。物も現象、心も現象と見て、同じ現象世界と見て、その千変万化していく世界のなかで、自分自身を保ちつづけるものがあるとしたら、さしあたりそれがあるものだ、と見るのである。もっともこのあるということも、少なくとも我々がふだんあると思っていてじつは表面的なみせかけでしかないものよりは、この現象世界の実質をたしかに担っているもの、というほどのことだ。我々があると思いなしているものはもうなくなってしまったのであるから、とりあえず、その世界の実質をなしているものについて、仏教はどんなふうにとらえているのか、のぞいてみることにしよう。

仏教では「自分自身を保つもの」を、とりあえずあるものと考える。それをダルマ、つまり法と呼ぶ。ダルマといえば、正月のお寺などで売っている、目の入っていない赤い張り子の達磨さんを思いだすかもしれない。あの達磨は、禅宗をインド（西天）から中国に伝えた祖師・菩提達磨（ボーディダルマ）という人の名前のことであり、それはダルマの意味の一つである真理の意味をとって名前としたものなのであろう。

実際、もともとダルマという語には、多くの意味がある。ダルマは元来、サンスクリットのドゥリという、保つという意味の動詞からできた言葉で、要は「保つもの」のことである。法律は社会の秩序を保つ。それで法律もダルマである。自然法則は宇宙の進行を保つ。それで法則もダルマである。したがって、宇宙の真理もダルマとなるし、それを説く教えもまたダルマである。これは、説法のことだが、教法ともいって、教えとしての法ということになる。

これらはほぼ普遍的なものということになるが、そのように保つ対象が、なんらかの全体にわたるのではなく、むしろ個々の自分自身であるもの、すなわち自分自身を保つものもまた、ダルマなのである。この場合の法は、普遍的なものというより、個別的なものになる。

私はよくつぎのような説明をする。水と氷と湯気とあるとして、我々の眼にはこれらは相当変化して見える。氷は固体だし、湯気は気体だ。では、これらはまったく異なる物かというと、同じH_2Oの分子のくっつき具合が変わったのみで、内容は何も変わっていないと自然科学では解き明かすであろう。このとき、そこにはいったい何があるといえるのであろうか。本当は、水や氷や湯気があるのではなくて、ただH_2Oがあるのみ、ということになるにちがいない。じつは仏教も同じように世界を分析して、変化する現象のなかで、しかも自分自身を保ちつづけて変わらないものを探究した。それをまた、ダルマと呼んだのである。だからこの場合のダルマは、いわば世界の構成要素のことになる。

しかし自然科学と仏教とで非常に異なっていることは、世界というとき、仏教はそれを物質界だけでなく、精神界もふくめ、さらには物質でも精神でもないものなどもふくめ、一切の現象をふくめていることである。仏教の場合、心と物とを同列において、同じ現象界と見て、その変化する現象のなかで、自分自身を保ちつづけるものにはどのようなものがあるか、探究していった。この作業の成果を、アビダルマ（阿毘達磨）という。ここに、より実質的にあるものが見出されるはずである。

だいたい自然科学は、物質界のみを対象としていて、じつはそれを分析する主観の側を無視している。主観とか自己とかが、そこでは問われないことになる。つまり存在の半分がブラックボックスとなっていて、いわば自己そのものが行方不明となっているのである。それは大きな欠陥ではないだろうか。そのことに気づかずに来たことが、また最悪の欠陥だといえよう。しかし最近、ようやくこの問題に気づいてきたようで、心ある科学者のなかには、主観をも究明する科学を樹立したいと頑張っている方もいる。これに対して仏教はそのはじめから、主観・客観の両界を同じ地平において観察・分析・究明してきたのである。

仏教のオーソドックス・説一切有部

存在の分析を遂行したアビダルマの例としてもっともよく知られているものは、いわゆる小乗仏教のなかの代表的な部派である説一切有部《せついっさいうぶ》という部派が説いた、「五位七十五法」である。ここで、仏教に小乗仏教と大乗仏教とがあることについて、ごく簡単に説明しておこう。

いうまでもなく、釈尊（紀元前四六三〜前三八三）が仏教の開祖であるが、その教えは、一般に原始仏教といわれ、漢訳では「阿含経《あごん》」、パーリ語では「ニカーヤ」にまとめられている。その釈尊がなくなって百年くらい経つと、教団が上座部《じょうざ》と大衆部《だいしゅ》との二つに分裂し（根本分裂）、その後、さらに細かく分裂していった（枝末分裂）。その各グループを部派といい、全部で二十くらいはあったという。それぞれの部派で、異なる教義を展開していった。

これらに対し、およそ西暦紀元前後に、新たに大乗仏教が登場してくる。それは、従来の仏教の閉鎖的・高踏的なあり方に対抗し、在家の立場を重んじ、他者への関わりを尊重し、救済者としての仏を謳《うた》いつつも自らもまたそういう仏になっていくことをめざした。

当初は、『般若経《はんにゃきょう》』『法華経《ほけきょう》』『華厳経』『無量寿経《むりょうじゅきょう》』などを宣布し、やがて龍樹《りゅうじゅ》（ナーガールジュナ。一五〇～二五〇頃）に発する中観派《ちゅうがんは》や弥勒《みろく》・無著《むじゃく》（三九五～四七〇）・世親《せしん》（四〇〇～四八〇）にはじまる瑜伽行派《ゆがぎょうは》（唯識学派《ゆいしきがくは》）を生んでいった。如来蔵《にょらいぞう》思想も説かれていった。この大乗仏教が、それまでの仏教（部派仏教）を小乗仏教と名づけたのであった。なお密教は、その流れを受けて、七世紀頃に起こった新たな仏教である。

読者の大多数がふれている仏教は、もちろん大乗仏教であろう。大乗仏教は北伝といって、中国や朝鮮半島、日本に伝わり、チベットなどにも浸透している。東南アジアにも伝道されなかったわけではなく、インドネシア・ジャワ島のボロブドゥールの遺跡の壁面を覆うレリーフに『華厳経』の「入法界品」があることはそのことを物語っている。一方、部派仏教の一つである上座部の系統がスリランカに伝わり、さらに今日、東南アジアに広まっているわけである。それらは、パーリ語の聖典にもとづくもので、南伝といわれている。

というわけで、いわゆる小乗仏教は部派仏教のことといってよいが、その代表格が説一切有部であり、ある意味で仏教のオーソドックス（正統）である。その説一切有部のアビダルマは、いわば仏教の世界観の根本なのである。以下、この、あるものの目録を示したと見られる「五位七十五法」について、簡単に説明してみよう。

世界を構成する要素──「五位七十五法」

七十五法という以上、世界の構成要素にかんして、七十五、見出したわけである。ある意味では、わずか七十五だけであるから、その分析は多少おおざっぱというべきかもしれない。ともかくそれは、五つのグループにまとめられるというのが、五位である。その五位とは、

物質的なもの（色《しき》法）
心の中心、主体となるもの（心王《しんのう》）
その心に付随するさまざまな心（心所有法《しんじょう》）
物とも心ともいえないもの（心《しん》不《ふ》相応《そうおう》法）
現象を超えた変化しないもの（無《む》為《い》法）

の五つのグループのことで、術語を用いると、下の括弧内の色法・心王・心所有法・心不相応法・無為法ということになる。それぞれに具体的なダルマが分析されていて、それらを足すと合計七十五法になるわけである。

色法の内容

まず色法、物質的なものとは何かというと、五つの感覚の対象と、五つの感覚器官と、眼に見えないような物質、の十一がある。

色《しき》法十一　心王《しんのう》一　心所有《しんじょう》法（心所）四六　心不相応《しんふそうおう》法一四　無為《むい》法三

色法	眼根《げんこん》・耳《に》根・鼻《び》根・舌《ぜっ》根・身《しん》根・	
	色境《しききょう》・声《しょう》境・香《こう》境・味《み》境・触《そく》境・無表色《むひょうしき》	
心王	意識	
心所有法	大地法《だいじ》	受《じゅ》・想《そう》・思《し》・触《そく》・欲《よく》・慧《え》・念《ねん》・作意《さい》・勝解《しょうげ》・三摩地《さんまじ》
	大善地法《だいぜんじ》	信《しん》・勤《ごん》・捨《しゃ》・慚《ざん》・愧《き》・無貪《むとん》・無瞋《むじん》・不害《ふがい》・軽安《きょうあん》・不放逸《ふほういつ》
	大煩悩地法《だいぼんのうじ》	無明《むみょう》・放逸《ほういつ》・懈怠《けだい》・不信《ふしん》・惛沈《こんじん》・掉挙《じょうご》
	大不善地法《だいふぜんじ》	無慚《むざん》・無愧《むき》
	小煩悩地法《しょうぼんのうじ》	忿《ふん》・覆《ふく》・慳《けん》・嫉《しつ》・悩《のう》・害《がい》・恨《こん》・諂《てん》・誑《おう》・憍《きょう》
	不定地法《ふじょうじ》	悪作《あくさ》・睡眠・尋《じん》・伺《し》・貪《とん》・瞋《じん》・慢《まん》・疑《ぎ》
心不相応法	得《とく》・非得《ひとく》・同分《どうぶん》・無想果《むそうか》・無想定《むそうじょう》・滅尽定《めつじん》・命根《みょうこん》・	
	生《しょう》・住《じゅう》・異《い》・滅《めつ》・名《みょう》身・句《く》身・文《もん》身	
無為法	択滅《ちゃくめつ》無為・非択滅無為・虚空《こくう》無為	

五位七十五法

感覚というのは、五感ともいうが、視覚・聴覚・嗅覚・味覚・触覚のことで、これらについて仏教では、眼識《げんしき》・耳《に》識・鼻《び》識・舌《ぜっ》識・身《しん》識の語で表わす。その五感の対象は、順に、色・音・匂い・味・感触ということになるが、それを仏教では、色《しき》・声《しょう》・香《こう》・味《み》・触《そく》という語で表わす。これを五境という。さらにそれらの五感の器官は、眼《げん》・耳《に》・鼻《び》・舌《ぜっ》・身《しん》で表わす。これは、五根という。この場合の根は、器官のことである。身は、触覚器官を意味するわけである。この、色・声・香・味・触の五境と、眼・耳・鼻・舌・身の五根と、あと眼に見えない物質（無表色《むひょうしき》）の、計十一が色法の内容である。

さて、これらのダルマ（色法）を、仮に物質的なものと呼んでおいたが、はたしてこれらは本当に物質と呼ぶべきものなのであろうか。

ふつう我々は、何か物があると思っている。りんごならりんごがあると思っている。しかしそのりんごという一つの物を、どのように確認しているのであろうか。人間の眼は、そこに赤い色を見るのみであろう。りんごの声は聞こえないであろうが、あとは芳ばしい香りを鼻がとらえ、つるつるの感触を触れば感じるであろう。食べてみれば、甘酸っぱい味覚が広がるにちがいない。それぞれの感覚は、それぞれの対象をとらえることは確実であるが、では、りんごという一つのものを、どの主観がどのようにしてとらえるのであろうか。やはりどう考えても、五感はそれぞれ別々にそれ自身の対象のみをとらえているとしか考えられない。したがって、本当は我々の感覚に直接もたらされているのは、色・声・香・味・触のおのおののみなのである。とすれば、物はその上にあとから意識などにおいて考えられただけのものなのだ。というわけで、たしかに第一次的にあるのは、物ではなく、色・声・香・味・触である。とすれば、この仏教の色法の分析、アビダルマは、いかに事実に即しているかがうかがわれよう。

したがって色法というものを、本当は物質的存在などとは考えないほうがよい。感覚という現象世界のその単位となるもの、というほどの意味なのだ。ちなみに、五根は要するに眼や耳などだが、我々の肉眼などに知られているものは五境を内容とするものであり、本当の根ではない。本当の根（器官）を、仏教では「対象を取り入れて覚知を発生させるもの」ととらえている。「取境発識」のものが本当の根なのであって、説一切有部のアビダルマでは、それらを眼には見えない（五感ではとらえられない）、しかし物質的な何ものか、と見た。それで五根も色法に入っているわけである。

それから、無表色という眼に見えない物質は、強い体験をしたとき、身体内に発生する特別な物質的なもののことで、たとえば受戒したとしよう。そうすると、その人の一生のあいだ、悪をなさしめないような規制する力がおのずから具わるという。その力の源になる物質が受戒時に発生するというのである。以上が色法である。

心の成り立ち――心王と心所有法

つぎに、心についてである。いったい、心というものは、どういう存在だと考えられようか。一般には、何か一つの心があって、それはさまざまにはたらく、というように見られているのではなかろうか。しかもその一つの心というものは、脳みそが作りだしている、などとも考えられたりしているのではなかろうか。

よく脳を研究している学者は、このはたらきは脳のこの辺、そのはたらきは脳のその辺というように、それぞれの作用を脳の物理的な場所に同定しようとする。たしかに、その辺の脳細胞を刺激すれば現実に存在しないものの感覚や認識を再現できたりしてしまうようであるから、そのこともっともなことなのかもしれない。しかしながら、その部分の脳細胞だけあれば、感覚や認識などが可能というわけでもないにちがいないから、脳の機能を局在的に見ていく立場は必ずしも十全ともいえないような気がする。

それはともかく、なにか一つの心というものを想定するとして、そのようなものが本当にあるのであろうか。いろいろと作用してももとは一つという見方は、結局、その一つの変わらないものとしての心を認めることになり、つまりかの「常・一・主・宰」の我を認めてしまうことにじつはつながってしまう。そこで仏教のアビダルマでは、心というものも、多くの心のダルマから成り立っていると見る。心をそう見るのが仏教の面白いところである。

心は、心王という、もっとも中心になるものと、心所有法という、それに付随してはたらくさまざまな個別の心から成り立っているというのである。心的世界も一つの現象世界と見て、そのなかで自分自身を保つものとしての構成要素を分析すると、一つの心王と多くの心所有法が見出されるというわけである。

くどいようだが、仏教は心をそれらの多元的な要素（法）の組み合わせから成ると見るのである。さまざまな心的現象は、それぞれの心的諸要素の組み合わせが、そのつどそのつど、現れては消え、現れては消えするのみで、変わらない一つの心があるわけではないとするこの考え方は、大脳生理学的にいっても、不自然ではないのではなかろうか。

そこで中心となる一つの心（心王）というのは、いわば意識である。これが眼根（視覚器官）によるときは、色・形を見、耳根（聴覚器官）によるときは、音を聞く、といった具合になる。ここには問題もあるが、先に進んで、これに付随して起こるさまざまな心（心所有法）には、じつに多種多様な心が分析されている。対象と器官と心とを触れ合わせて感覚・知覚を成立させるものとか、関心をいだく心とか、認知する心とか、そういうものもそれぞれ固有のはたらきだし、すなわち固有の心だと見るのだ。総じて心所有法は、大地法・大善地法・大煩悩地法・大不善地法・小煩悩地法・不定地法の六つのグループに分けられるが、やはり善の心や煩悩の心の分析は、きわめて詳細にわたっている。ここで善とは何か、悪とは何か、煩悩とは何か、などがきちんと説明されるべきだが、今は割愛しておく。たとえば、善の心には、信ずる心・努める心・相手を傷つけない心、などがあり、煩悩の心には、そもそも無知である心、不信の心などのほか、怨み、嫉妬、けち、などがある。

これらは、縁に応じて現れては消え現れては消えしており、集合離散をくりかえしているのみだというのだ。徹底して常・一・主・宰の存在を否定する、きわめてラディカルな見方だともいえよう。しかし、自我などないのが実情だからといって、ただ縁にまかせるままでよい、ということにはならない。それでは煩悩の生い茂るばかりとなり、結局、苦悩・苦痛が増すのみであろう。煩悩というのは、まさにその人を苦悩させるもののことにほかならない。怨みや嫉妬は、それだけでその人の心全体を汚し、暗くし、痛めつけ、苦しませてやまない。そこで、善の心をより多く起こしていけるように努めるべきなのだ。なぜならそれが本当の意味での楽を実現するからである。この楽とは楽しいということである。楽しいとは「手伸《たの》しい」で、ひろびろとした心になることといえようか。

物でも心でもないもの——心不相応法

さらに仏教では、物でも心でもないものを分析している。これを心不相応法という。詳しくは、色心不相応法であって、色法ともいえないし、心法（心王・心所有法のすべて）ともいえない何ものかである。

これにもいろいろなものがある。後の章で述べるところの言語などもそうだし、数などもこれだと見ている。あるいは、動物の種にあたるものもそうだ。キリンはみんな首が長いし、象はみんな鼻が長い。これは種に規定されているからと考えられるが、その種とはいったい何なのだろう。一種の遺伝情報ということになるのかもしれないが、ではその遺伝情報そのものはどこから生まれたものなのだろう。動物にはじつに多くのさまざまな生き物がいる。誰がそういうものを創ったのであろうか。神をたてれば解決してしまうが、いまどき、一切を自在にあやつる主宰者がどこかにいるとは信じられないことであろう。

考えてみると、世の中、不可知のことも多いものだ。仏教はあくまでも現実のあり方を凝視して、そこに構成要素を見出して、そしてそれらの縁起で世界を説明していく。じつにモダンである。そのときに、物とも心ともいえないものもきちんと分析して提示しているのである。動物に種があることはたしかに認められるが、これは物とも心ともいえないから、心不相応法に入れる。その法は、同分（詳しくは衆同分《しゅどうぶん》）という。

ちなみに、机は大体、広い天板の四隅に足がついたものが多い。そのある程度の形態の許容範囲を超えてしまうと、もう机とは呼ばなくなることだろう。そういう机という概念は、動物の種に相当するような、物の種と考えられよう。机の素材は、大体、木だといえそうだけれども、今ではスチールが多いかもしれないし、場合によっては合成樹脂でも段ボールでもよいだろう。素材には関わりなく机というものを規定するもの、それは、哲学の言葉でいえば、特殊に対する普遍、あるいは個物に対する一般者というものである。それを仏教では、法同分といっている。

変化・生滅のない世界——無為法

五位七十五法のアビダルマの最後に、無為法というものがある。無為とは有為《うい》に対する語で、変化のないもの、現象に関わらないもののことである。反対に前述の四つ（色法・心王・心所有法・心不相応法）は、すべて有為法（現象界）である。

一般には、無為というと、無為に過ごすというように、何もしないことと受け止められるのではなかろうか。ねむいもさむいも無為の親戚だという。しかし仏教の無為法は、変化・生滅のない世界のことで、生死の世界を超えた涅槃《ねはん》（択滅無為）など、三つばかりある。

この涅槃とは、サンスクリットのニルヴァーナの音写で、仏道修行の究極の世界といってよい。実際、いわゆる小乗仏教はこの世界に到達することをめざして修行するのである。だが、人間の究極の目標は、そのようにただ安らかになることなのだろうか。ここを批判して出てくるのが大乗仏教で、大乗仏教ではむしろ、はたらいてはたらいてはたらいてやまない世界のただなかに涅槃を見出す（無住処涅槃という）。

物がはじめに存在しているのではない

以上、仏教の、世界にあるものの分析（アビダルマ）の一つの代表的な例を簡略に説明してみたが、けっこう仏教の分析も精確であるという印象を持たれたことと思われる。たとえば、それははじめから、世界にはりんごや机など、何かある一つの物があるなどとは、見ていないわけである。我々があると思っている物は、まず我々に直接与えられている五感の対象（五境。色・声・香・味・触）が別々にあって、それらがあとで総合されたものという見方になるのである。自我についても同様になるであろう。西田幾多郎は、「個人あって経験あるにあらず、経験あって個人あるのである」といっている（『善の研究』序、『西田幾多郎全集』第一巻、岩波書店、二〇〇三年、六〜七頁）が、そういう考え方だといえる。

物がはじめに存在しているのではない、という見方は、じつは現代思想を導く重要な哲学者のエルンスト・マッハ（一八三八～一九一六）も言っている。「色、音、熱、圧、空間、時間、等々は、多岐多様な仕方で結合しあっており……この綾織物から、相対的に固定的・恒常的なものが立現われてきて、記憶に刻まれ、言語で表現される」というのだ（廣松渉『事的世界観への前哨』勁草書房、一九七五年、五九頁）。細部はやや異なるかもしれないが、まさに仏教の今の見方と同様のものである。

ちなみに、イギリスのヒューム（一七一一～一七七六）も、自我について、「知覚の束」だと言っている。ヒュームは面白いと思う。因果についても、客観的にあるとはいえないと言いだしたのが、このヒュームだ。これをカント（一七二四～一八〇四）が聞いて、「独断論の微睡《まどろみ》を破られた」といって、自己の哲学を完成させていく。ヒュームがいなければカントもいなかった。

ちょっと余談《ヨダン》にそれたが、仏教がモダンだからそうなった、という下手な言い訳はやめて、以上の物も心も、物でも心でもないものも、すべて同列において、そこに「自己自身を保つもの」を分析して、世界をありのままにとらえている仏教は、このことだけでも先進的ではないか。主客二元論をはじめから前提として、しかもその客観の方面しか分析していかない自然科学や近代合理主義は、いかにおそまつな世界観であるかが理解できたであろう。

縁起の世界観

ところが、仏教の世界観は、それだけでなく、もっと先進的である。それは、前にもちょっとふれたが、世界の展開にかんして、これらの諸法の縁起、つまり関係による生成という見方をとっていることである。すなわち、実体論的世界観ではなく、関係主義的世界観を唱えているのである。

縁起という言葉は、よく聞いたことがあるであろう。ただそれは、縁起でもないとか縁起が悪いとかいうように使われるのを聞いたということかもしれない。この縁起とは、いったいどういう意味なのだろうか。いろいろな要因が重なり合って何かのことが起きることを縁起といって、しかもそれは悪いことに限られて理解されるようになったりして、そのように用いられるようになったのであろうか。もちろん、仏教の説く縁起は、悪いことだけではない。良いこともふくめて、すべての現象（出来事）にわたっている。そういえば、こいつは春から縁起がいい、ともいってきた。まさにこの縁起の思想こそ、仏教哲学の中核にあるものだ。それは、関係主義的世界観といってよく、おのずから実体（自己によって自己の存在を支えているもの）にもとづく世界観をくつがえすものとなる。

もう少し縁起について詳しく述べると、じつはこれは単なる因果関係で世界を説明するものでもない。因・果にさらに縁を加えて世界を見ていくものである。つまり、因というのは、直接的な原因、縁というのは間接的な条件であって、この直接的な原因と間接的な条件とがあいまって、はじめて果がありうる、ということなのだ。このことはよく、つぎの喩《たと》えで説明される。

何かある植物の種子《たね》があるとしよう。この種子は、それだけでどこかに保存されているだけでは、ただそのままである。しかしこれを水につけ、土に蒔《ま》けば、しばらくすると、芽が出てくる。やがて大きく育って花も咲かせ、実を結ぶことにもなるであろう。このとき、種子はまさしくその花などの因である。しかしこの因が、土に埋められ、水分や養分が与えられることによって、結果が現れることになる。その水分や養分次第で、結果がどうなるか変化してもくる。立派な花が咲くか、貧弱な花しか咲かないか、ちがいが出てくる。その水分や養分などにあたるものを、仏教では縁というのだ。こうして、因だけで果があるとは見ない。かならず因と縁とがあいまって果があると見る。これが縁起の道理である。

たとえば、ある人がたいへんな能力を持っていたとしよう。しかしチャンスがなければそれを生かすことはできない。逆にいくらチャンスがあっても、その人に持てる力がなければ、やはりそのチャンスはものにできない。だから自己の能力も、いつか訪れるチャンスに向けて、着々と磨いておくべきなのだ。それが、縁に応じて開花するのだから。まことに、縁は異なもの味なものである。

世界をこのように見るということは、非常に科学的というか客観的というか、事実を事実として見つめたものといえよう。ここには、世界を勝手に操る神はいない。超越的な主宰神を認めてはいないのである。かといって、すべてはすでにもとより決まっているという決定論、運命論でもない。因において、自己の意志を発動していくことによって、縁とあいまっていくらでも果を変えていけるのであるから。またここにはすべては偶然という、やけくその諦観もない。仏教はけっして、しらけ・あきらめ・ふてくされ、ではないのである。人間の幸不幸も、自分とまわり次第なのだ。そこで縁も大きいが、因こそ主たる力を発揮するのだから、やはり精進ということが大切なのである。それにしてもこの縁起という思想は、古代の思想としてはじつに近代的でかつ永遠の真理であるといえよう。自分の不安を、ありもしない祖先のたたりとか、物《もの》の怪《け》とかに寄せてしまわずに、現実をありのままに凝視してそこにある道理を見究めている。これが、知的ということではなかろうか。

因・縁・果の関係

しかもこの縁起において、何が縁起するかといえば、それは基本的にあの五位七十五法の諸法としたわけである。ではこの諸法の縁起において、因・縁・果は、どのように分析できようか。そこを、説一切有部においては、六因・四縁・五果によって説明している。今は、まずその名前だけあげてみると、つぎのようである。

因：能作《のうさ》因・倶有《くう》因・同類《どうるい》因・相応《そうおう》因・遍行《へんぎょう》因・異熟《いじゅく》因
縁：因縁《いんねん》・等無間縁《とうむけんねん》・所縁縁《しょえんねん》・増上縁《ぞうじょうえん》
果：士用《じゆう》果・等流《とうる》果・異熟果・増上果・離繋《りけ》果

ここをすべて説明していると、とても煩瑣《はんさ》になるのでもはや省略するが、一、二ふれておこう。基本は、同類因—等流果であり、これは、同じダルマ（法）が刹那刹那、自分と同じダルマを引きだしてくることである。それが相続されて、いかにも同じものが存在しているかのように見える。この同類因は、四縁のなかでは因縁におさめられる。この因縁というのは、じつは因たるもののすべて（六因のうち、縁に等しい能作因をのぞく）の意味だ。これに種種の縁が関わって果がありうるが、その縁のすべてを増上縁という。これはたいへん広いもので、因が果を実現することに少しでも関わるものはすべてこれにふくまれるし、その果の実現を妨げないこともまた、その果の実現をもたらす縁として増上縁と考えられているほどだ。それが関わって成就した果を、増上果という。

この同類因—等流果と増上縁—増上果の関係を、先の植物の種子を例にとって説明すると、種子から花が咲くのは、同類因—等流果である。もちろんこれに増上縁が関わってこそ、その等流果もある。ただしその増上縁として、こやし（肥料）がよければ、美しい立派な花が咲くし、それが不十分なら貧弱な見劣りする花が咲くであろう。そのこやし次第で花という結果のあり方が異なってくることが、増上縁—増上果の関係に見出されることになるわけである。一口に縁起といっても、その縁起という思想のなかにはこのように細やかな分析がふくまれているのであり、その分析は上述のように、さらに異熟因—異熟果（業の世界の因果関係）や、相応因—士用果（同時的因果関係）など、もっともっと詳細なものである。今は詳しい解説を省くが、ともかく単純な因果思想をはるかに超えているものがあるのである。

「三世実有、法体恒有」

こうして、仏教は多数のダルマの縁起によって世界を説明しようとした。自我や物を素朴にあるとは見ず、冷静に分析して、現象世界の法則性を割りだした。そこに実体的存在を徹底して否定していく存在論の立場があり、超現代的な視点が示されている。その思索は、まことに透徹しているというべきであろう。

ただし、じつは五位七十五法を説く説一切有部（略して有部）では、縁起するのはダルマの用（作用）であり、ダルマそのもの（体。存在）は三世《さんぜ》に実有《じつう》であると見たのであった。そこが一切時にあると説く部派＝説一切有部と言われる所以である。

ダルマの体（存在そのもの）と用（作用）ということなどを説明していると複雑になりかねないので、もはや止めておくが、有部では、常・一・主・宰の我（アートマン）の存在は明確に否定したものの、諸法（ダルマ）の実在は否定しなかった。むしろこのダルマについては、それぞれ恒常的に存在するものとして認めたのである。その立場はよく、「三世実有、法体恒有《ほったいごうう》」とまとめて言われている。

というわけで、本当は有部の世界観は、縁起を説く関係論的世界観の立場に立っているように見えて、その基盤に諸法の常住不変の存在を認める、実体論的世界観の一面もあったのが実情なのである。

こうして、いったい世界に何があるのかについて、有部の立場に立てば、だから七十五の諸法である、ということにならざるをえない。世界にあるものは諸法であるというのが、一般に小乗仏教の考え方である。我々はふだん、りんごがある、机がある、自分があるなどと思っているが、仏教の見方によれば、あるものはそういうすでにまとまりのあるものではなく、ただその構成要素としての上述のような諸法のみということになるのである。

実体なくして現象のみ――大乗仏教の存在論

しかしながら、先にも述べたように、西暦紀元前後に新たに興起した大乗仏教は、じつにその諸法の実在をさらに否定していったのであった。つまり、諸法もまた、もとより関係においてはじめて現象しうるものであり、他を待ってはじめて成立するものであって自体を持たないものであり、しかもその存在そのものが刹那に滅するものであって、仮にして空なるものなのだと見ていくのである。こうして、我のみでなく、一切法について、その実体的存在を否定し去ったのであった。大乗仏教はこの一切法も無自性《むじしょう》・空であることを、まさにその縁起（関係性）ということの本質から導いたり、言語批判から導いたり、行体験にもとづき唯識《ゆいしき》という立場で説明したりしている。

それらのことを以下の章で種種の角度から説明していくことになるわけで、それを楽しみにしてほしいと思うけれども、簡単にいえば、「色即是空・空即是色」ということである。『般若心経』のこの句のあとには、「受想行識《じゅそうぎょうしき》、亦復如是《やくぶにょぜ》」とある。色と受・想・行・識とは、まとめて五蘊《ごうん》と呼ばれるものであり、世界の構成要素を、物質的な世界を構成する色と、精神的な世界を構成する個々の心としての受（感情）・想（認知）・行（意志）・識（知性）とによって表わしたものである。受・想・行・識もまたそのようだ（「亦復如是」）ということは、つまり五蘊即空・空即五蘊ということであり、すなわち「一切の存在即空、空即一切の存在」ということが、そこに説かれていると見るべきなのである。

したがって結局、大乗仏教によれば、あるのは、自体・本体（実体）なくして現象しているかぎりのもののみであり、それらが、仮にあるのみだということになる。ここを、夢・幻・影・かげろう・しんきろうなどの喩えによって説いたりもしている。実体なくして現象のみあるということは、なるほど夢・幻のようであろう。世界には、固体のように、剛体のようにあるものは何もなく、ただ空なるいわば仮象《かしょう》としてのものがあるのみだというのである。

というわけで、大乗仏教の存在論といえば、まあそういうことになるのであるが、しかもこの夢・幻は、「空即是色」で、真に空であるがゆえにこそありえている「妙有《みょうう》」とでもいうべきものなのだ。それこそかけがえのない、いのちそのもののありようなのだ。結局、単なる有でもないし、単なる無でもない、有にして空であるが同時に空にして有なるものが、本当にあるものだということになるわけである。

それも基本的な存在の単位をいえば、「任持自性《にんじじしょう》・軌生物解《きしょうもつげ》」（自性を任持して、軌となって物の解を生ず）の法であり、ただし大乗仏教の唯識のアビダルマの分析によれば、五位百法となっている。それは、有部の五位七十五法を、大乗の空観をもとに再解釈したものであり、その五位百法は五位七十五法と共通の面と異なっている面とがあるものである（五位百法については、八五頁参照）。この、無自性・空ではあるが実質的に世界を構成している諸法が世界に実質的にあるものであるというのが、大乗仏教の存在論ということになろう。

この存在論は、もうはじめから物や実体的な存在があることを疑わない他の哲学の立場にくらべたら、なかなかに深いではないか。ようやく最近、西洋の現代の哲学も、実体論批判を展開するようになったけれども。

ともあれ、大乗仏教は、常住の存在は一切認めず、本体を持たずに現象しているかぎりの存在によって世界は成立しているという。しかもその現象かぎりの世界のなかに、自己自身を保ちつづけるものを探究して、百法を提出した。こうして、徹底した実体否定の哲学が完成する。これはもう、まったく現代哲学を先取りしていたと言わざるをえないものである。この存在論を基礎として、さまざまな哲学的議論が展開されていく。それらのことは、また章をあらためて描いていくことにしよう。

第二章　言語について——その解体と創造

仏教は言語哲学である

この本は言葉から成り立っているわけであるが、そこには奥深い多彩な情報が豊かに織りこまれているものである（願わくば否定しないでほしい）。言葉を構成する母音・子音（または〔仮名〕文字）は日本語の場合、全部で五十ほどだが、その組み合わせで単語ができ、その単語の組み合わせで句や文章ができる。そこに無限といってもよいほどの多彩な意味が誕生する。じつに言葉は深遠なものである。人間は、ホモ・ロクエンス（話す人）ともいう。言葉があってこそ、人間なのであって、動物に言葉はまあないといえよう（コミュニケーションはあるであろうが）。

したがって人間という存在を考えるには、言語の考察こそが急所になるであろう。たしかに、言葉があることによって、いろいろな存在の区別ができ、他者とのコミュニケーションも可能となる。しかしその言葉を用いることによって、その事実の真実が覆い隠されてしまうこともある。たとえば、この海は青いなあ、といったら、青でないのではないことはわかるが、実際にどういう青さかはむしろ隠されてしまうといえるわけだ。実際、その海の青さそのものの真実には、どんなに言葉を費やしても、到達しえないであろう。

ゆえに人間が生きることの真実と言葉との関係は、深く掘り下げておく必要がある。何が見えるようになって、何が見えなくなるのか、しっかり自覚していく必要がある。じつは仏教はまさにこの作業を集中的に遂行しているのである。「仏教は言語哲学である」、といってもさしつかえないのではないかと、いつも思うほどだ。

たとえば、かの八宗の祖師とうたわれた龍樹の『中論』は、あらゆるタイプの文章（命題）批判を展開し、その結果、言語を解体して戯論《けろん》寂滅《じゃくめつ》の世界すなわちリアリティそのものを体得させようとしている。あたかもウィトゲンシュタイン（一八八九～一九五一）の哲学のようだが、じつはウィトゲンシュタインの研究者で第一人者の黒崎宏は、どうも龍樹のほうが上だといって、今や龍樹にぞっこん惚れ込んでいるほどである（『ウィトゲンシュタインから龍樹へ——私説「中論」』哲学書房、二〇〇四年参照）。

文字・単語・文章

その龍樹の言語クリティークのことはのちほど見ていくことにして、まず仏教が言語をどうとらえているかを見ていくことにしよう。仏教は言語を概略、文字・単語・文章の三つの地平でとらえている。

ただ、基本的に音声言語を主体として考えていることに留意する必要がある。文字のような書かれた言語は、その基盤に、話し言葉があるという判断があるのである。たしかにそうではないだろうか。未開社会では、言葉をしゃべっても文字は持たない人びとが見られるからだ。ただし、文字は音声の転写だという考え方は、表音文字を使う人びとに限られるのかもしれない。漢字のような表意文字を使う場合は、話し言葉を複雑な情報に置き換えることになる。日本語は、その双方をうまく使っていて、まったくユニークだ。おそらくそのための大きなメリットもあるのであろう。

言語は心か物か

それはともかく、文字を音声言語の上で見ると、まず一番の基本は、母音・子音としての音素というものになる。その一つ（め・て・は、など）や二つ以上の組み合わせで、単語ができる。その単語の組み合わせが文章ともなるわけである。言語というものはそのように成立しているとして、さていったいこれらはどういう存在なのであろうか。言葉という存在は、物であろうか、心であろうか。

もちろん、それは物ではないと考えられるであろう。しかし心ともいえないであろう。心というにはこころもとなく、かといって物とも言い難い。言語の実質は母音・子音だとしたとき、ではそれらは音声というべきであろうか。音声は心であろうか物であろうか。

仏教では、それは声法《しょうほう》であり、色法（色蘊《しきうん》の法）に分類されるのであった。もしも言語の実質である母音・子音が音声なのだとすれば、それは聴覚の対象の声法《しょう》(音そのもの)ということになるわけである。では、本当に母音・子音は声法というダルマであると見てよいのだろうか。

ところが、たとえば人が「あ」といったとする。十五歳くらい以上の男性ならもう声変わりもしていて、バスのように低い声かもしれない。女性ならソプラノのように高い場合もあるだろう。けれどもそういうことにはおかまいなしに、人はそれを「あ」と聞くだろう。それはいったい、音そのものであろうか、それとも音に付随する何ものかなのであろうか。

もちろん仏教はそれを音そのものとは見ない。音を離れないが音そのものではない何ものかだと見る。音のあやというか、「音韻屈曲」というのである。有名な言語学者のローマン・ヤーコブソンは、音素(母音・子音)というものは、他とのいくつかの相違点の区別の束(示差的要素の束)にほかならないと言っている(花輪光訳『音と意味についての六章』みすず書房、一九七七年、「IV 音素は弁別特性の束である」等参照)。「あ」は、いでもない、うでもない、かでもない、さでもない、等々の差異をひとまとめに表す何ものかだというのである。ポジティブに「あ」という何ものかがあるのではないというわけである。仏教が母音・子音を音声そのものとはみなさないということは、ヤーコブソンが説くようなところに音素の本質を見出しているからといってよいであろう。

こうして、仏教は言語を構成する音素を、諸法の分析（アビダルマ）の体系の五位のなかで、声法としての色法（物質的存在一般）とはせずに、心不相応法（色心不相応法。物でも心でもないもの）とするのである。もちろん、これらによって構成される単語も文章も、すべて心不相応法である。じつに仏教の分析は精確ではないか。なお、仏教ではこの音素（母音・子音）を、文《もん》（文字のこと）と呼んでいる。単語は名《みょう》（本来は名詞のことであろう）、文章は句《く》といい、これら名・句・文すべてを心不相応法とするのである。

世界をどのように分節するか

つぎに、単語というものは何を表わしているのであろうか。ここからは、我々の世界認識の本質に関わる、きわめて重要な議論が展開されることになる。ふつう人びとは、言葉というものは、すでに世界にそのものとして存在しているものを表わしていると思っていよう。急須・茶碗・テーブル・椅子などなど。しかし言葉（名前）以前にすでに自律的に存在するものがあって、そのうえでそれらについての名前があると見て、本当にまちがいないのであろうか。

たとえば英語では、テーブルとデスクとは異なるものである。だが日本語なら、両方とも机でよい。オックスとビーフとは異なるもの、ツリーとウッドとは異なるものだが、日本語の牛や木は、その両者をふくんでいる。一方、英語ではブラザーはもともと一つで、そこに上下の区別を見ていくが、日本語なら兄と弟がまず区別されて存在していて、そのあとに両者をくっつけて兄弟と呼ぶ。日本語で水と異なるお湯は、英語ではじつはホットウォーターというウォーターなのである。いったいこれはどういうことなのであろうか。

ということは、あらかじめ区別された存在が自存していて、それらの名前が作られているのではなく、その国語ごとに、世界をどのように分節するか、その分節の仕方を名前は表わしているものだ、ということになる。名前どおりに世界があるのではなく、ある全体世界をその国語の名前の体系のように受け止めているのみにすぎないのだ。こういうことは、他の国語との比較によってはっきりするのだが、仏教はこれから説明するように、もとより名前は自存するものを表わすようなものではないと見ていた。それも言葉と存在の関係を、深く掘り下げていたからであろう。

牛という一般者は実在するのか

そもそも名前が表わすものは、いったい何であろうか。インドでは、ここで牛が登場する。牛はインド人にとっては神聖なる存在であって、だから言葉の世界でも象徴的に扱われるということなのだろう。ともかく、では「牛」という言葉は、何を表わすのであろうか。ふつうは、個々の牛の、なかでも特定の牛を表わす（個物を表わす）とは見ないにちがいない。牛の語は、茶色の牛も黒い牛も白黒ぶちの牛も表わすし、子どもの牛も親の牛もオスの牛もメスの牛も表わすからである。けっして特定の個物としての牛を表わしはしないわけである。ではそういう、どんな牛もふくむ「牛」って何であろう。そういうものを一般者といったり、特殊に対する普遍としての牛といったりする。概念といってもよいかもしれない。では、牛という一般者なるものは、実際に存在するものなのであろうか。そういうものがもし存在すると考えるなら、それを形而上学的実体という。そのような眼に見えない存在が、実際に存在していると、はたして認められるであろうか。

じつは古代の哲人は、むしろそういうものの方が真実にあるとみた場合が、けっして少なくない。これをリアリズムといい、訳して実念論という。普遍概念が実在するという立場のことである。これに対するノミナリズムは、名前があるだけでその表示する概念は実在しないと見る立場だ。それは唯名論《ゆいめいろん》と訳される。概念（普遍・一般者）の実在は否定し、ゆえにただ個々の事物（個物）だけが存在しているのみという。とすれば、ノミナリズムのほうが、ややモダンというべきかもしれない。もちろん仏教は、とりわけ一切法の空を主張した大乗仏教は、形而上学的な実体など認めはしない。一般者という実体的存在などないと明確に否定する。

こうして、言葉（名前）は、個物も表わさないし、一方、一般者も実在しないとしたら、それでは結局、何を表わしているのであろうか。

名前は「他の否定」にすぎない

このとき、インドの六世紀頃の仏教学者であったディグナーガ（陳那《じんな》、四八〇～五四〇頃）という人は、この方面のたいへん優れた思索家なのだが、彼はなんと名前（単語）は「他の否定」を表わすにすぎないと鋭く明かしたのである。「他の否定」というのは、「牛」の場合、牛以外の動物ではない、ということだ。つまり、なにか牛という自立的な存在がすでにあって、それを「牛」の名前が表わしているのではなく、牛以外の動物たちもいて、そのなかで牛以外ではないということのみを表わしているにすぎないということ、他の動物から区別されるということのみを表わしているにすぎないというのである。「牛」は、犬でもないし、馬でもないし、キリンでもないし、象でもないし、……ということのみを意味しているだけだというのである。これは、他があってはじめて牛といえるということであり、つまり牛という名前で表わされているものは、自存する実体的存在ではないということである。すべての名前が表わすものも、自存的実体存在ではないということである。ここからも、諸法の無自性＝空ということがいえてくる。

言葉の意味が、隣接する他の言葉によって限定されて決まってくるということは、色の名前を考えればよくわかるであろう。さまざまな民族の国語によっては、色の区別を表わす名前に、多い少ないがあるのが実情だが、少ない方では三色しかない場合もあるらしい。たとえば色の名前に、赤・青・黄しかないとしよう。このとき、虹も三色ということになる。そこでは、青と緑との区別はないにちがいない。日本でも昔はそうだったのかもしれない。あるいは、青と紫の区別はないにちがいない。

色の区別は、その連続体をどう分節するかでできてくるのであって、もとより自存しているわけではない。もし紫の言葉があれば、青はそれ以外の青色になり、もし紫の言葉がなければ、青のなかに紫もある。だから、名前の意味（それが表わすもの）というものは、隣接する他の言葉によって限定されるにすぎないものなのである。このことを簡潔に表わした言葉が、「他の否定」（アニヤーポーハ）である。このことも、仏教ではとうの昔に自覚していたのであった。

今のことは、じつは現代言語学の祖・ソシュール（一八五七〜一九一三）も明かしたことである。ソシュールもまた、「語の表すものは、その国語ごとの世界の分節の仕方にほかならない。語の表すものは、あらかじめ、自立的に存在しているものではなく、隣接する他の語によって規定される」ということを説いたのであった（丸山圭三郎『ソシュールの思想』岩波書店、一九八一年等参照）。

結局、言葉というものは、音素（母音・子音）にしても、単語にしても、他との差異のなかで成立しているにすぎない。言語には差異しかないのである。ここに、言語と分《わか》ちがたく結びついた実体論への、鋭利な批判がある。

五感の流れに言葉を立てる

こういう他の否定としての名前は、では、何に対して適用されるのだろうか。すでに世界には、自存するものはないことが推察された。そこはいわば、混沌の世界といってもよいかもしれない。ただ、言語以前はすべて混沌のみかといえば、必ずしもそうではないのかもしれない。たとえば、牛はすべて牛のかっこうをしているし、馬はすべて馬のかっこうをしている。桜は爛漫と咲き、竹はさわやかに天に向かって伸びる。こういう生物の種のようなものは、おのずから区別が存在していて、世界を彩っていると考えられよう。それらは、ある意味で自存しているものなのかもしれない。しかし我々が言葉を持つに至る前では、やはりそういう区別もきちんと認識はできないかもしれない。なお、机は何が机か、とか、椅子は何が椅子か、ということになると、三本足の机もありうるし、座椅子もあるから、生物の種のように明快にはいかなくなるであろう。では、どこで机という「種」を決めるのであろうか。

いずれにせよ、我々は言葉を何に対して立てているのであろうか。ここで、物というものの存在が、再度、吟味点検されなければならないことになる。そもそも、世界に言葉を立てるといっても、その世界とは、我々に実際に感覚・知覚された世界にほかならないだろう。赤い・丸い・甘酸っぱい匂いの、つるつるした何ものかに対して、りんごという名前で呼ぶが、赤い・丸いとは視覚の感覚であり、甘酸っぱい匂いは嗅覚の感覚であり、つるつるしたとは触覚の感覚である。これは、外界の存在そのものというより、自分の五感に現じた感覚の諸現象そのものにほかなるまい。とすると、言葉は外界に対してというより、自己に現象している諸感覚などに対して立てるということになるのではないであろうか。

たしかにりんごの赤さは、自分の視覚に現れた赤さ以外ではあるまい。なるほどりんごの香りは、自分の嗅覚に現れた香り以外であるはずもないだろう。だから、じつは我々は、すでに外界に自立的に存在しているもろもろの事物に対して直接に言葉を適用しているのではなくて、自分の五つの感覚に現れた諸現象に対して言葉を立てているとしか言えないはずである。こうして、我々があると思っている物は、五感の流れ、その連続的生起に対して、言葉を立てて認識しているということになる。

事の世界のみ

では、その五感の流れの世界に、実際に物はありえているだろうか。その流れは、じつは刻々、微妙に変化しているはずである。顔の向きを変えれば、視覚風景はまったく変わっているはずである。そこに変わらない物など、本当は存在していない。そればかりか、五感はそれぞれ別のものである。色は音ではないし、音は匂いではない。大脳生理学からいっても、視覚と聴覚と嗅覚などは、それぞれ別個に脳内に発生しているはずである。我々には、第一次的には、別々の五感が与えられているはずなのだ。しかもそれぞれつねに微妙に変化してやまないはずである。そういう流れが我々にまず与えられていて、しかもそこに変わらないりんごならりんご、机なら机というものがあると認識してしまう。これはむしろ錯覚ではないか。

まあ、ふつうは錯覚とは言わないであろうが、少なくとも明らかに我々の五感の世界に、物というものはない。あるのは、事のみだ。我々は事の世界に生きているのみである。しかもなおかつ、そこに固定した物をつかまえてしまう。その役割を果たしているのが、主に言語なのであろう。別々の五感の、変化していく流れに対し、名前を与えることによって、それらを束ね、固定化して、そこに物があると思いなしていく。それがじつに我々の知っている物なのである。

ところがその名前というのは、前にも言ったように、隣接する他の名前に限定されて意味を生みだすものであり、自存的なものなのではなかった。名前そのものが、いわばその国語ごとに異なるもので、つまり恣意的なものなのであった。そういう意味では、けっしてたしかなものともいえないものなのである。ところがそういう、他との差異しか表わさない、ネガティブな言葉を適用しつつ、そこにむしろ自存的な、それも変わらない、ポジティブな物を認識してしまう。これは錯覚でなくて何であろうか。

事的世界観——唯識の思想

こういうことを、仏教はきちんと分析し、究明し、自覚しているのである。大乗仏教の一つの有力な哲学思想に、唯識《ゆいしき》の思想がある。

読者は唯物論とか唯心論とかの言葉は聞いたことがあると思うが、唯心ともやや異なって、唯識という。そこでは、感覚と知覚などの作用の区別を詳しく分析している。五感を唯識では、眼識・耳識・鼻識・舌識・身識として示すが、その対象（色・声・香・味・触）は、その識内にあると説く。感覚対象というものは、それぞれの感覚に取り込まれたものだから、このことも正しいであろう。その識内の対象を相分《そうぶん》といい、これを感覚する側を見分《けんぶん》という。唯識では、この五感の識のみでなく、あらゆる識（意識など）の直接の対象はその識内に現じているもの（相分）だと説く。それだから唯識ということも言えてくることになるのである。

自分の対象を内に持って、その対象を感覚・知覚しているものが唯識の識なのであるから、この識とは単なる心でも主観でもない。色が見えている事、音が聞こえている事、推理や判断などがおこなわれている事、その事そのものが唯識の識なのである。だから、識はむしろ事と見るべきなのだ。この事を、相分・見分を具《そな》える識というかたちで理論化しているのだ。したがって唯識ということは、本当は唯事というべきなのである。唯心というよりも唯事なのであり、唯識の世界観とは事的世界観なのである。

それは素朴な物心二元論・主客二元論などをはるかに超えた、ばりばりの事的世界観なのだ。じつにモダンではないか。

言葉の不思議な力

しかも仏教は、この感覚（五識）の世界は、無分別だという。また現在の対象にのみ作用するという。実際、眼識自身が、この色は青いとか黒いとかは判断しないであろう。また眼識自身が過去の色を見るなど、考えられないことである。結局、五感は現在のみに、無分別に作用しているものである。だとすれば、そこに物というものの認識などありえないはずになる。

ところが第六意識は、ありとあらゆるものを認識できる。過去や未来も考えたり想起したりできるし、この世にないものまで認識対象とすることができる。たとえば、「とがった丸」とかも認識できる。そういう実在しないものの例として、仏教では「兎角《とかく》・亀毛《きもう》」をとかく持ちだす。それはともかく、だから意識は有分別である。それで、言語を扱うのも意識である。この意識が、五識の流れの世界（事的世界）に言葉を適用して、物を認識する。そこに実体的存在（常住・不変のあるもの）としての物があるとさえ、みなしてしまう。けれどもそれは本当は誤りだ、迷いの認識なのだ、と仏教は明かすのである。

物だけでない、身心《しんじん》という現象の流れのうえに、自分というもの、我という存在を認めてしまうのも、やはり意識の世界でのことである。一人称の代名詞をくりかえし使っていくことも、そのことにきっと大いに関与しているであろう（じつは意識以前の末那識《まなしき》においてすでに我が執着されているのだが）。こうして、実体的存在があると思うから、それに執着する。自分に執着し、物に執着する。執着するから、思うようにいかないと、苦しみにあえぐことになる。これは無明のなせるわざだというのである。

参考までに、錯視のうちにあると思いなされているものを、唯識思想の三性《さんしょう》説（存在のあり方を三つに分けてみていく理論）のなかでは、遍計《へんげ》所執《しょしゅう》性《しょう》という。つまりさまざまな分別（遍計）によって実体視され執着されたもののことである。現象世界そのものは、依他《えた》起性《きしょう》という。他に依って起きてくる、縁起の世界そのもののことであり、唯識では、八識の相分・見分の流れということになる。その依他起性は現象世界であるから、いずれも実体、常住の本体を持つものではなく、無自性・空である、その空なるあり方そのことを別に取り出して、円成実性《えんじょうじつしょう》という。円成実性とは、現象世界が実体的存在ではないという、その空という本性（空性）がもとより完成しており、真実であって、そのことは一切の現象に時間的にも空間的にもゆきわたっていることを意味する言葉である。現象世界は事的世界なのだが、そこは縁起の世界でもあるので、依他起性という。そこに対して、さまざまな分別をおこなう意識によって、実体的存在として執着されたものが遍計所執性である。三性説は、このような三種類の存在によって我々の世界を解明している。この存在の腑わけは、まことに見事なものだと私は思う。詳しくは、他の唯識の解説書を参照されたい。

　というわけで、本来、事の世界、現象世界の流れのうえに、言葉の不思議な力のもとに、物（実体）を認めてしまう。これが我々の現実だ、と仏教は解明している。

言葉が世界を作り上げる

以上の議論を、読者はどう思うであろうか。どうも我々が物にかんして認識しているのは、外界そのものより、自分自身の五感を前提にしているらしい、とは思えているだろう。ただ、その五種類の感覚を成立させるそのもとの物が、その五感の外に、つまり外界にあるのではないか、言葉もおおよそそれに対応しているのではないか、とも感じることであろう。なるほど我々が認識している物は我々の五感の上に構成されたものというほかないにしても、それに見合う本来の物がちゃんと世界には存在していると考えれば、我々の物の認識は必ずしも錯覚ではないというべきではないか、と言いたいのではなかろうか。

それはもっともな話である。実際、カントもロックも、そういう構図を描いて自分の哲学を構築した。そのほうがむしろ妥当な考え方なのかもしれない。ただし、その外界に存在すると思われる本来の物について、カントは「物自体」と呼んで、それはどういう色をしているか、どういう形をしているか、まったくわからないとした。我々が知っているのは、あくまでも人間の感覚にもとづくものであり、その人間なら人間に先験的に具《そな》わっている形式に則《のっと》って取り入れられたものにすぎない。その物自体そのものについての記述は、なんともできない相談だ、というのである。これまたなるほど的確ではないか。

もしもそのように外界の実在としての物を想定するなら、唯識ということは貫徹できなくなってしまうであろう。では、そこを唯識思想はどう考えるのであろうか。じつは唯識では、その物自体に相当するものを、意識下の阿頼耶識《あらやしき》という識に求めていくのである。この辺がどうもむずかしいところである。まあ、このことについては、あとのお楽しみとして、また章を改めて説明しよう（一二〇頁以下参照）。この章は、本来、言語の問題についてであったから。

ちなみに、我々（の意識）が言葉を直接、適用する対象は、感覚の流れの世界ということであるから、唯識ではそこをただ混沌の世界としてすませてはいない。少なくとも、眼識・耳識・鼻識・舌識・身識の刹那滅の連続的生起というように、ある種の分析と理論化を果たしているわけである。しかもこのことにかんして、じつはものすごいことを考えている。

というのは、意識が五感に対して言葉を適用すると、その経験が意識下の阿頼耶識に保存され、その後、その意識の言葉による分節に見合うあり方で諸感覚が生起してくるというのだ。つまり、言葉をくりかえし用いる経験が、やがて一種の構造化された世界を形成するというのである。早い話が、言葉が世界を作り上げると言うのである。まあ、そう単純化することはやや問題もあるであろうが、しかし世界の現実はたしかにそうなのかもしれない。生まれたての赤ちゃんは、いわば光の渦のなかに生きているであろう。やがて言葉を覚えていくことによって、世界の成り立ちが明確に見えだしてくるということは、ありうることではないだろうか。唯識思想はそういうことも、阿頼耶識を媒介にして起きることを想定しているのである。じつに人間の認識のありようを、微に入り細に入って解明している。

「私は（〜を）見る」は成り立たない

仏教の言語分析は、以上にとどまらない。今のはいわば単語の地平での議論だった。これは一種の意味論か。さらに文章の地平の分析もあるのだ。それは、前にもふれた龍樹の哲学に見ることができる。龍樹はそこで、あらゆるタイプの文章（命題）を取り上げて、そこに事実との乖離《かいり》や論理的な矛盾があることを指摘していくのである。

たとえば、「私は（〜を）見る」と言ったとしよう。では、見る「私」とは、何であろうか。それは、「私は（〜を）見る」というのだから、その見る前に存在している何ものかということになる。それは見る以前だけではない、聞くよりも、読むよりも、歩くよりも、走るよりも前に存在している何ものか、つまりあらゆる作用以前に存在している何ものか、ということになってしまう。すなわち、作用を持たない基体（サブスタンス）としての私だ。だがいったい、そういう現象に関わらない私という存在を、どうやって知ることができようか。第一、その私って、いったい何なのだろう？

　もしそういう私があるとしたら、それが見るとは、どういうことになろうか。もとより作用を持たないのであるから、どこかにあらかじめある「見る作用」と結びついて、はじめて見るということもできるということになるほかない。しかしながら、いったい、見る作用のみが、どこかにあると考えられようか。これはおかしな話である。ある意味では、そんなものがあるとすれば、ありもしない幽霊より怖いことだ。

　したがって見る作用とは別に私があるということは、どうも成立しそうもない。では見る作用と私は一つだとすれば、では聞く者は誰？　ということになる。そうすると、一体ではないが、別体でもない、というのが正しいだろうか。しかし同じでもないし異なるのでもないという言い方は、ふつう、論理的には排除され、世間の言語においては通用しないものである。逆にいえば、世間の常識の言語世界は、じつはこのように矛盾を安易に排除した、浅薄な、虚偽に満ちた論理と認識の上に成り立っていることが知られてくる。「私は（〜を）見る」という、きわめて単純素朴で至極当然な言い方のなかに、すでに大いに問題が潜んでいたのである。それは、基体と作用をあらかじめわけておいて、しかもつなぐところが問題だったのだ。

　それにしても、いつも我々は、私は、私は、と言っているが、その私っていったい何なのであろうか。基体としての、変わらない、常住不変の私（＝我＝アートマン）があるとしたら、そういうものは自分のどこにあるのだろう。そんなものは、自分のどこにも、きっとないにちがいない。ウィトゲンシュタインも言っている、私は歯が痛いというのは、ナンセンスだ。歯が痛む、その痛いの感覚以外にある私って何であろう。そんなものはあるとは思えない、言えない、と（拙著『インド仏教の歴史――「覚り」と「空」』講談社学術文庫、二〇〇四年、二〇六頁参照）。これは龍樹の言っていることと同じことである。というわけで、結局、「私は（〜を）見る」という文章は成り立たないのである。

運動はありうるか

あるいはまた、「自動車が走る」と言ったとしよう。いったいそれは、止まっている自動車が走るのだろうか、走っている自動車が走るのだろうか。止まっている自動車は、止まっているから走らない。走っている自動車が走るのだとすると、すでに走っている自動車が、さらに走るであろうか。その場合は、すでに走っているその運動と、それがさらに走るというその走る運動と、二つの運動が一つのものにあることになるが、それはおかしな話である。したがって、自動車が走るとは、言えないことになる。ということも、龍樹の指摘にある。

ここには、運動はありうるか、という問題が見すえられている。それは時間の問題ともいえよう。たとえば、過去に運動はあるであろうか。過去は無に帰しているから、そこに運動はない。未来に運動はあるであろうか。未来はまだないのだから、そこにも運動はありえない。では、現在に運動はあるであろうか。ここはいろいろ考えられるのかもしれない。現在に運動はあるとすると、そのいつも現在にありつづけるという意味ですでに運動しつつあるものが運動するということになるが、それは今見た一つのものに二つの運動がつきまとうという矛盾になる。一方、現在を極限まで微分して、今しかないと見れば、そこに運動はないであろう。運動がなければ、作用もないであろう。

余談だが、私はいつも東京駅八重洲口から出る高速バスで帰宅している。それが降車すべき停留所に近づくとアナウンスが流れ、「よく停まってからお降りください」と決まっていう。だが、「よく停まる」って、どういうことであろうか。バスは、停まる作用をしているのであろうか。

言語を解体する龍樹

それはともかく、運動にまつわる問題の指摘には、本来時間的な世界を、空間的にとらえる矛盾が指摘されている。運動は、過去から現在までを同一の空間に投影したときに、はじめて言えることであろう。とすれば運動は、我々の心のなかに成立するにすぎないことなのである。

言語というものもまた、同じことである。私は見る、自動車は走る、そういう時間的に移行する文章の全体が認識されて意味も出てくる。そこに意識というものの独自な世界がある。けれども、世界そのものは、諸行無常で、一瞬もとどまらずに流れているだけ。その真実は、主語を立てて述語する文章、すなわち基体を想定し、作用を別立てし、時間を空間化している世界の外にあるのだ。世間はそういう言葉で語ってそれですませるものだとしても、やはりいのちの真実は、いったんは見ておかなければなるまい。

そこで龍樹は、このようにあらゆるタイプの文章の矛盾を衝《つ》いて、言語の解体に向かうのである。『中論』の冒頭では、そこを、「不生・不滅、不常・不断、不一・不異、不来・不出の、寂静なる、戯論寂滅の縁起」と言っている。縁起のこの世界は、まさにその縁起のゆえに、戯論寂滅するほかない、というのである。真実は、基体のような実体がない世界であるからこそ、実体を想定した言語は解体されざるをえないのである。たしかに言語で語られる真実もあるであろう。しかし実際には、言語が解体されつくしたところに、究極の真実があるのだ。それを第一義諦《だいいちぎたい》とか、勝義諦《しょうぎたい》とかいう。諦というのは、真理のことである。

語れないことを語りつくす

ところが、その戯論寂滅の究極の真理を、しかも語る言語がありうるとも仏教は言っていることを、忘れてはならない。語りえないということが究極なのではなく、語りえないものをしかも語るところに、さらに進んでいくのである。それには私の見るところ、さしあたり三種類ある。

一つは、語れないと語る言語だ。究極の真理は不可説だ、とそう語っているじゃない、というわけだ。『大乗起信論』では、依言真如《えごんしんによ》と離言《りごん》真如とを挙げている。この場合、真如が今の勝義諦に相当するのだが、それに言葉で表現された真如と、言葉を離れた真如とがあるというのである。言葉を離れた真如といったって、そう言葉で言っているわけである。人間は、どこまでも言語を離れられないのかもしれない。そのためか『維摩経《ゆいまぎょう》』の主人公・維摩居士は、究極の真理とは何かを問われて、ひとしきり沈黙したのかもしれない。これが後にけっこう受けて、「維摩の一黙、雷の如し」などと言われるほどである。

大体の仏教は、そういう立場の言語体系だといえよう。つまり、語れないということを語りつくす言語宇宙だ。唯識だって、悟りのただなかでは、唯識という理解さえ超えられると説いている。唯識の哲学は、本当は唯識という了解をさらに否定・超克していくためのものなのである。しかもそこを、無分別智という智慧《ちえ》で真如を証する、などと説明する。無分別智というのは、対象的認識を超えた、直覚的な覚りの智慧である。ではそれが証する真如とは何かというと、その唯識実性の究極は、離言真如ということになるのであろう。

不立文字・教外別伝

もう一つは、禅に見られる、問答の高次元な展開や詩的言語の応用だ。禅宗は、不立文《ふりゅうもん》字《じ》・教外別伝《きょうげべつでん》といって、いったんは徹底して言語を捨てさせる。無念無想に入るという坐禅は、その実践にもほかならない。また、そういう言語や分別を超えたところに押し込むために、ふつうでは訳のわからないような問答を用いていく。「両手を打てば音あり、隻《せき》手《しゅ》(片手)に何の音声かある」。片手に音はありえないと思われるけれども、しかもその音を聞かなくてはならないという。「いかなるか是れ仏。乾いた糞の棒」。なんと糞の棒が仏だという。

しかしそうやって骨折って坐禅して悟りを開くと、その境涯を写す言葉が自然と湧き出てくるらしい。「遠山限りなく碧《へき》層層」「孤輪(月)独り照して江山静なり」「睡《ねむ》り美にして知らず山雨の過ぐることを、覚め来つて殿閣自《おのずか》ら涼を生ず」。詩と哲学が一つになる。

絶学無為の妙処を表現する言葉が、あたかも詩的表現において誕生する。その言葉は、言葉の否定とは別のかたちで、いのちの真実そのものを語っている言葉となる。

「阿」——密教の言語宇宙

さらにもう一つは、究極の真理も語れるし、また究極の真理自身が語りだす、そういう言語があるのだ、という主張である。

じつはその主張は、密教のものである。密教は、自分たちの仏教以外を、顕教《けんぎょう》と呼んで区別する。この密教と顕教のちがいは、密教の主張によればだが、いわゆるお釈迦様が説いたのが顕教、お釈迦様を超える根本的な仏（法身《ほっしん》仏＝大日如来）が説いたのが密教ということだ。このことにともなって、顕教は相手に応じた方便の教えであり、言葉はわかりやすいものであり、しかし密教は真実をそのままに説いたもので、言葉が秘奥でたいへんむずかしいという。ここに、密教独得の言語論が展開されている。

ただ、そういうわけだから、密教の言語というのは、同じ言語といっても、我々のふつうの感覚で理解できるものではない。やはり究極の真理を語る言語だから、独自・独特のものとなっている。一例に、言語を暗号のように用いるのである。つまりその単語や文章の意味するところが、表面上のふつうの意味を超えて、まったく別の意味を指示したり、同時に多彩・多様な意味を有していたりする。したがって凡人が読んでも、まったくまちがって解釈することはじゅうぶんありえるものである。ここが密教のむずかしいところである。密教はその自分たちの言葉こそ、真言だという。

密教の言語観で、さらに興味深いのは、単語や文章だけでなく、文字（本来、母音・子音の音素のこと）もまた、それぞれ多彩な意味を担っていると主張することである。有名な阿字観の阿字（あ）は、その一文字（一音）のみで、たとえば一切諸法本不生《ほんぷしょう》のほか、さらに菩提《ぼだい》心・菩提行・証菩提・般《はつ》涅槃・具足方便智、開・示・悟・入・方便善巧《ぜんぎょう》智円満、などを意味するという（『秘蔵宝鑰《ほうやく》』「秘密荘厳心」）。『吽字義《うんじぎ》』のなかの汙《う》字などの解説には、その大量の意味が示されている。

そういう母音・子音の組み合わせで単語ができ、文章ができるのだから、密教の言語宇宙はどれだけ豊饒か計りしれない。しかも、この言語世界の特性は、じつは存在そのものの特性であり、自己のいのちの特性そのものでもあるという話になる。つまり、机を机と決めつける必要はない。机は椅子でもあり、踏み台でもあり、坐禅の席でもあり、仏像を飾る台でもあり、あるいはもっと大胆に、自己表現の舞台でもあり、劇場でもあり、深海の竜宮でもあり、チョモランマの頂上でもあるのだ。自己は、自己でもあり、じつは父・母を父・母とならしめた祖父母にもほかならず、古代の学僧でもあり、未来の宇宙飛行士でもある。みんな、一義的に決定されていない、みんな一義的に縛られていない。世界は意味の広大な海の幾重もの重なりなのだ。言葉をはずして見れば、そこが見えてくる。言葉をずらしてみても、そこが見えるかもしれない。さらに言葉に一義性ではなく多重性を見れば、そこが見えてくるであろう。

以上には、仏教における言語の解体を経ての、言語の創造を見ることができただろう。

というわけで、言語の世界というものは、じつに奥深いものである。言語は、人間が人間であることの真に急所かもしれない。仏教はそこを、どこまでも果てしなく追究している。まことに興味深いではないか。

第三章　心について——深層心理の奥にあるもの

意識下の世界

人間の心の奥には、何があるのであろうか。意識下の世界、無意識の世界には、何かおどろおどろしいものが潜んでいそうである。人間として育っていく過程のなかで、表に出さないようにしまいこんでしまったもの、抑圧したものが、無意識となって、絶えず意識に影響を与えているであろうことは、ほぼ推察もできるというものである。

男子たるもの、泣いてはいけない、などといつも聞かされて育てば、自分のなかの知れざる女性的側面は抑圧されてしまう。そこに本来の人間性の歪みが生じて、知らず知らずいつも緊張を余儀なくされているかもしれない。女子にしても、同じことがいえる。我々は自分では気づかなくても、じつは無意識の色眼鏡をかけて世界を見ているかもしれないことは、じゅうぶん想像できよう。

なお、今の抑圧のことを、必要以上に過大に評価すべきでもないのかもしれない。やはり自覚的に物事をきちんとわきまえることが、意識下までをも整理して、社会生活を問題なく営むことができるようにするであろうからだ。意識はきちんと無意識を統御することもまた可能なのだ。だから古来、しつけということも重視されてきた。身に美しいと書くしつけ(躾)は、人間が人間になる修行ともいえよう。一月の成人式を迎える者は、まさに人間に成っているのでなければなるまい。

それはともかく、仏教は心というものを、かなり深く掘り下げている。いろいろある仏教のなかでも、心の問題を問うには、やはりまずは唯識の見方を見ていくべきであろう。そこでは、意識下の世界さえをも究明し、しかも理論化して表現しているのである。

唯識思想の心の見方

そもそも、仏教にもいろいろあることについて、あらかじめもっと説明しておくことが必要であったかもしれない。しかしこの本の主題は「哲学」であるから、あまり歴史的事情に深入りしはしないつもりだ。ともかく仏教には、小乗仏教と大乗仏教があり、インド大乗仏教の二大思潮に、龍樹に発する中観《ちゅうがん》派と弥勒《みろく》・無著《むじゃく》・世親《せしん》に発する唯識派（瑜伽行《ゆがぎょう》派）とがある。

その唯識の思想を中国に持ち込んだ有力な一人が、あの『西遊記』で有名な玄奘《げんじょう》（六〇二〜六六四）である。玄奘によって、インドのナーランダー学園において研究されていた唯識哲学が、中国に翻訳され法相宗《ほっそうしゅう》が成立した。それはただちに日本にも将来されて、奈良仏教の南都《なんと》六宗《りくしゅう》の一つとなった。興福寺や薬師寺は、この法相宗のお寺である。当時のインドの最新の哲学が、ほとんど時を隔てずに、なんと南都において研究されるようになったのであった。

その唯識思想の心の見方には、おおよそ二つのことがある。一つは、一人一人の心を、八層において見ていること、もう一つはさまざまな心を分類して示していることだ。前に説一切有部の五位七十五法のアビダルマのことにふれたが、そこに心王・心所有法というものがあった（三一頁参照）。大乗仏教である唯識思想では、七十五法でなく、五位百法を説くのであった。そのなか、心王はそれぞれの心のはたらきの中心をなすもので、八識のことである。唯識説では、心王は一つのみでなく、八つあるという。我々は、五感（前五識。眼識・耳識・鼻識・舌識・身識）と意識（第六意識）とについては自覚しているが、そのほかにさらに第七識、第八識があるというのである。第七識は、末那識《まなしき》という。第八識は、阿頼耶識《あらやしき》という。これらについては、あとで説明しよう。

一方、心所有法というのは、心王に所有される法のことで、心王に相応してはたらく個別の心のことであったが、唯識ではそれに五十一のダルマが分析されている。どの心王とも必ず一緒になってはたらくもの（遍行《へんぎょう》）、特定の対象に対してはたらくもの（別境《べっきょう》）、善の心にともにはたらくもの（善《ぜん》）、煩悩《ぼんのう》（根本煩悩）、随煩悩（枝末煩悩）、その他（不定《ふじょう》）とわけられている。やはり煩悩・随煩悩の分析が非常に詳しい。煩悩というのは、煩わしく悩ませるものと理解すればよいと思う。心を乱し、濁らせ、痛めつけるようなものが、煩

心王《しんのう》八　心所有法《しんじょうほう》五一　色法《しき》一一　心不相応法《しんふそうおう》二四　無為法《むい》六

心王

眼識《げん》・耳識《に》・鼻識《び》・舌識《ぜつ》・身識《しん》・意識《い》・末那識《まな》・阿頼耶識《あらや》

心所有法

遍行《へんぎょう》　触《そく》・作意《さい》・受《じゅ》・想《そう》・思《し》

別境《べっきょう》　欲《よく》・勝解《しょうげ》・念《ねん》・定《じょう》・慧《え》

善《ぜん》　信《しん》・慚《ざん》・愧《き》・無貪《むとん》・無瞋《むじん》・無痴《むち》・勤《ごん》・軽安《きょうあん》・不放逸《ふほういつ》・行捨《ぎょうしゃ》・不害《ふがい》

煩悩《ぼんのう》　貪《とん》・瞋《しん》・痴《ち》・慢《まん》・疑《ぎ》・悪見《あくけん》

随《ずい》煩悩　忿《ふん》・恨《こん》・覆《ふく》・悩《のう》・嫉《しつ》・慳《けん》・誑《おう》・諂《てん》・害《がい》・憍《きょう》・

無慚《むざん》・無愧《むき》・

掉挙《じょうご》・惛沈《こんじん》・不信《ふしん》・懈怠《けだい》・放逸《ほういつ》・失念《しつねん》・散乱《さんらん》・不正知《ふしょうち》

不定《ふじょう》　悔《け》・眠《みん》・尋《じん》・伺

色法

眼根・耳根・鼻根・舌根・身根・

色境・声境・香境・味境・触境・法処所摂色《ほうしょしょしょうしき》

心不相応法

得《とく》・命根《みょうこん》・衆同分《しゅどうぶん》・異生性《いしょうしょう》・無想定《むそうじょう》・滅尽定《めつじんじょう》・無想事《むそうじ》・

名身《みょう》・句身《く》・文身《もん》・生《しょう》・老《ろう》・住《じゅう》・無常《むじょう》・流転《るてん》・定異《じょうい》・相応《そうおう》・

勢速《せいそく》・次第《しだい》・方《ほう》・時《じ》・数《すう》・和合《わごう》・不和合

無為法

虚空《こくう》・択滅《ちゃくめつ》・非《ひ》択滅・不動《ふどう》・想受滅《そうじゅめつ》・真如《しんにょ》

五位百法

悩である。むさぼり、いかり、そして何もわかっていないという無明、こうしたものが煩悩だが、それは本能《ほんのう》の濁ったもの（ボンノウ）のことかもしれない。

自我に執着――末那識

さて、第七識を末那識というが、末那はサンスクリットのマナスを音写したもので、そのマナスは、考えるものといった意味だ。それも自我があると考えてしまい、いつもその我を執着しているものだ。いつもというのは、たとえば寝てもさめてもである。眠ってしまえば、意識は起きない。しかしそのときも末那識ははたらいていて、自我に執着しつづけているというのである。そればかりか、さめているときで、他人によいことをしようと思ってそうしたり、修行しようと思って実際に行に励んだりしたとしても、その場合、意識は善の心になっているものの、それでもその下で末那識は自我に執着しつづけるという。あるいは事実そうなのかもしれない。

この指摘にはほんとうに鋭いものがある。「情けは人のためならず」という句は、どうもこのことを意味しているようである。他人に情けをかけるのは、自分のためだというのだからだ。もちろん、この句の意味は、情けは人のためによくない、人のためにならない、といった意味ではない。

とすれば、人間のおこなう善はすべて偽善だ、ということになるのであろうか。しかし仏教は必ずしもそうは見ていない。意識が善を選択し実行することは大切なことで、その意識の自覚的な選択が、末那識をも変えるようにはたらいていくと見ているのである。我《が》執《しゅう》の末那識がはたらいているから何も善をすべきではない、というのではなくて、末那識がはたらいているからこそ意識上に善を選び取り実践していくべきだというのだ。

中国の浄土教家の善導《ぜんどう》（六一三～六八一）という人は、人間のおこなう修行（善）はすべて毒まじりの善（雑毒の善）であるから、したってしょうがない、有害ですらある、という意味のことをいったのであったが、それはやや乱暴にすぎる気もする。もちろん、煩悩をどうしようもなく離れられない自己の心の実際を、見つめ反省・自覚することはとても尊いことだ。それは本当に重要なことである。しかし仏道の行をすべて否定してしまうのはいかがであろうか。もちろん、修行者が自分は行をしたと思うことは、根本的に問題ではあるのだが。

もっとも、ここには微妙な事情がある。他力にまかせるなどにより、自力を捨て行はしないというとき、その行の放下《ほうげ》（捨て去ること）そのことが、そのまま行になっているという事情がじつはあるのだと思うのである。仏道のすべての行は、自力の放捨なのであり、たとえば「このままでよい」という了解とその実践は、じつはかなり高尚な行になっているという子細はありうるであろう。それは盤珪《ばんけい》禅師（一六二二～一六九三。臨済宗）がいつもただ「不生でいらっしゃれ」と説く教えに通じたものである。この辺の機微は、真剣に行に取り組んだ者にこそ、知られることであろう。

心の奥の広大な蔵――阿頼耶識

それはともかく、その末那識には、四つの根本煩悩や八の随煩悩（大随煩悩）がいっしょにはたらいているという。四つの煩悩とは、我愛（貪）・我慢《まん》・我見《けん》・我痴《ち》（無明《むみょう》）のこと。無明があって、我に執着し、我が有るという見解が生じて、我を守ろうとする。こういう心がいつもあって、それがいつも意識をいわば汚しているというのである。意識の地平の我執は、意識下から、つまり無意識のうちに絶えず生起してくると、唯識は明かしていることになる。だから人間は、やっかいなのだ。とはいえ意識はそれを離れて、自由に善を理解し選び取ることもまたできるのだから、やはりすばらしいではないか。人間、捨てたものではない。

それにしてもこの末那識は、何を自我だと見なすのであろうか。それは、阿頼耶識、もっといえばその阿頼耶識の主体の方面（見分）だと唯識は明かしている。末那識のさらに下にある阿頼耶識のその主体の方面が（刹那滅の相続のなかで）絶えず生起してくる、それを末那識は対象（拠り所）としつつ、自分自身の識のなかに常住の我のイメージ（相分）を浮かべて、しかもそれに執着するというのだ。本来、主体であるほかない根源的な命を、あえて対象化し固定化して、しかもそれに執着し、ゆえにそれに縛られてしまう。そういうことが、自分の意識の背後においてつねにおこなわれている、と究明しているわけである。意識上の世界しか扱わない学問・思想より、全然、深いものではないか。

しかもこの末那識が対象とするともいう阿頼耶識が、さらにその奥にあると唯識は明かしている。阿頼耶というのも、サンスクリットのアーラヤを音写したものである。アーラヤとは蔵のことで、自分の心の奥に広大なお蔵があるというのが、唯識の説くところなのだ。

ではいったい、そこには何がしまわれているのだろうか。それは過去一切の経験の情報であるという。見たり聞いたり考えたりしたことのすべてが、きちんとそこに貯蔵されているというのである。フロイトやユングがそういうことを言うずっと前から、仏教は人間をそのように立体的に見ていたのである。それもこの場合の過去とは、この世に生まれてからのみではない。仏教は生死輪廻《しょうじりんね》を説くから、この過去一切とは、無始以来、生死輪廻してきた間に経験したすべてということになる。眉唾だというなら、まあ、アメーバ以来の進化の経験を貯蔵している世界がある、と思えばよいであろう。

意識上と意識下の交渉

とすれば、ユングのいう集合的無意識に相当するものも、阿頼耶識を説くことによって説明できると推測されよう。人類や民族や地域に共通の意識が、共通の体験を貯蔵している阿頼耶識から、おのずと生まれてくる可能性はじゅうぶんにある。

ただ、阿頼耶識自身には、意識的自覚的活動はまったくなく、またその世界は我々にはおよそ不可知の世界である。この阿頼耶識と一緒にはたらく心所有法も最小限のもののみ(遍行の五つの心所のみ)で、そこで善の心や煩悩の心が実際に活動するわけではない。そういう意味では、この意識下の根源的な識は、善でも悪でもなく、末那識のように煩悩が相応しているわけでもなく、まったく中立的(ニュートラル)で、むしろだからこそそこに、過去の善の行為の経験や悪の行為の経験の情報を、その性質のままに保持していられるのである。

我々が善をおこなう。そうすると、そのことがただちに阿頼耶識に蓄えられる。その場でただちにである。我々が悪をおこなう。そうするとただちにそのことが阿頼耶識に保存される。あーらやだなあといっても、このことを逃れることはできない。

こうして、一瞬一瞬経験したことが、その場その場で意識の奥の阿頼耶識の世界に貯蔵されていき、またその貯蔵された情報の、特に善・悪の性質の比率が、この世の人生にもなんらか影響を与え、さらに死後どの世界に生まれるかを決めていく。地獄・餓鬼《がき》・畜生《ちくしょう》・修羅《しゅら》・人間・天上の六道《りくどう》輪廻を、駆動《ドライブ》していくという。この生死輪廻のことも、事実としてよりもその意味を解釈して受け止めるのがよいであろうが、重要なことは、構造的に、阿頼耶識に貯蔵された悪の要素の堆積を浄化していかないと、仏道は本当の意味では完成しないということである。

それが可能となるのは、じつに第六意識のはたらきによってなのである。もちろん、ここに縁も必要になる。仏さまに出会うとか、善友に出会うとか、たまたま仏教の本を手にしたとか。もっとも、こういう縁に出会えることも、求めるものがあればこそかもしれない。そういうときには、向こうから現れてきたりもするものである。そもそも求める心自体、仏の側からのうながしなのかもしれない。

ともあれ、無意識の世界（意識下の世界）は、我々が直接、制御することは当然できないのであるが、しかし意識は自由だから、その心の持ち方次第で、末那識・阿頼耶識によい影響を与えていくことができるし、最終的には浄化しつくして智慧《ちえ》に変えていくことができると説くのである。

こうして仏教は、意識上と意識下の交渉・交流によって、一人の人間の人生を説明している。人間の全体、総体を明瞭に解剖して、理論化している。なかなかに深遠な思想体系であるというべきである。

心の内なる神

ところで、読者は遠藤周作という、カトリック信者の小説家をご存知かと思う。お母さんが作ってくれた洋服を、和風に仕立て直して着たいのだ、とよく言っていた。つまりキリスト教を日本人として受け入れられるには、どのように考えればよいのか、ということである。

戦前から戦後にかけての、キリスト教とマルクシズムとのインパクトは、たいへんなものがあった。日本古来の伝統的価値観と、そのときグローバルなものと見えた近代西欧の価値観との相克には、深刻なものがあった。ましてキリスト教もマルクシズムも、絶対唯一の正しさ、一元的な価値を主張したから、真面目であればあるだけ、それと向き合い、考えることになる。周作先生は狐狸庵《こりあん》先生とかいってユーモアをふりまいていたけれども、根はもっぱら真面目であった。

現代では、もはやいかなる一元的価値も崩壊し、多元的に拡散した世界になったから、あまり深刻な相克はないようだけれども、一方で経済的なグローバリゼーション、つまり一元的価値の支配が進んで、諸地域の多元的な価値観が侵食されていくことに、ひそかに深い憂いを感じている人も少なくないと思われる。今は普遍的な価値で固有の価値を抑え込むのではなく、固有の価値を普遍的なものに鍛え上げていくことが望まれている時代なのであろう。

その狐狸庵先生は、こう言っていた。現代の文学の主題は、無意識の世界を描くことである、と。やはり近代の合理主義が、浅薄な意識の世界に終始していたことへの叛逆なのであろう。人間の全体性の回復への叫びといってもよいのかもしれない。しかも、昔の西洋では、無意識の世界は罪の温床だと考えられていた。ただおどろおどろしい世界としか見られていなかった。しかし現代の文学の主題は、レンブラントの絵のように、闇にも近い暗い世界にほのかに光がさしているような世界、つまり罪と救いが背中合わせになっている世界が、無意識の世界だと理解されてきているということである。このことは、神を人間の外に超越的に見るのではなく、内に、内在的に見る立場だということでもある。神は、今や心の内に見出されるようになったのだ。

この立場は、ユングの説いたことと照応している。ユングは、人間の発達を個性化（インディヴィドゥエーション）と称した。それは抑圧され無意識となった心を回復し、人間としての全体性を回復していく過程のことである。しかもその心の全体性こそが神だという。

有名な心理学者のエリクソンも、同じようなことを言っている。

第九識——如来蔵思想

仏教でそういう意識下の豊かな世界を説くユングの思想に近いのは、じつは唯識思想よりも如来蔵《にょらいぞう》思想であろう。いわゆる唯識思想では、心の奥に第八識までしか立てない。しかし如来蔵思想では、そのさらに奥に、第九識を立てたりする。それは、阿摩羅識《あまらしき》というものともいえる。無垢識《むくしき》と訳されるものである。それは自性清浄心とも言われるものであり、仏の心そのものともいえる。唯識思想では阿頼耶識で終わりだが、如来蔵思想では、仏の心が凡夫の人間の心の奥にも、じつは存在しているということを説くのである。

この心の奥底に本来、存在している仏の心を、仏性《ぶっしょう》ともいう。『涅槃経』にいう「一切衆生《しゅじょう》、悉有仏性《しつうぶっしょう》」の句は、大乗仏教の人間の見方を代表する一句である。それは、あらゆる人びと（本当は生きとし生けるもの）には仏性があるということだ。仏道とは、その仏性をみがきだす道筋だというのである。

それが如来蔵といわれるのは、（本来、蔵にあたる原語ガルバは母胎・胎児ということであるが）人は如来を蔵していると見ることができるからである。如来蔵思想を奉じる学派は、インドにおいて特に形成されたわけではなかったようであるが、この思想も確実にインドに存在していたし、中国や日本には非常に大きな影響を与えたことは事実である。

この如来蔵の含意するところは、インド成立の如来蔵論書として唯一といってよい『宝性論』によれば、つぎの三義に見ることができる。

ここで〈有垢真如《うくしんにょ》〉に関して、〔経中に〕

「一切衆生は如来蔵である（如来を胎に宿す）」（略）

と説かれている。それは、如何なる意味によってであるか？

〔この問に答えるべく、ここに次の偈《げ》を説く〕

衆生の聚には仏智が滲透しているから、

その〔衆生聚の〕無垢なることが、本来、〔仏と〕不二であるから、

仏の種姓において、その果（＝仏）を想定するから、

すべての有身者《うしんじゃ》（＝衆生）は仏を胎に宿すと、〔仏によって〕説かれた。

〔この偈によって、何が示されているのか〕

（中略）

要約すれば、三種の義によって、世尊は、「一切衆生は常に如来を胎に宿す」とお説きになった。すなわち、一切衆生に、

〔一〕　如来の〈法身〉が遍満しているという義によって、

〔二〕　如来の〈真如〉が無差別であるという義によって、および

〔三〕　如来の〈種姓〉が存在するという義によって、

である。（高崎直道『宝性論』インド古典叢書、講談社、一九八九年、四四〜四五頁）

ここを高崎直道は、さらにつぎのように解説している。

㈠すべての衆生は如来の胎児たちである。「法身」が遍《あまね》くゆきわたっているから、ひとりとして衆生で法身の外に出るものはない。これは形あるものがすべて虚空界《こくうかい》にあるようなものである。

㈡すべての衆生は如来を胎内に有している。これは「真如」の無差別性による。ここでいう如来は真如の意で、真如は衆生にも平等無差別である。ただし如来とは、その真如が清浄になった場合で、それを如来とよぶ。

㈢すべての衆生は如来となる因を有している。これは、如来の種姓があること、と

説明される。garbha＝gotra＝dhātu＝hetu、したがって、すべての衆生は「如来蔵」を有する、と理解できる。（前掲書、解説、四〇五～四〇六頁）

本覚という言葉

このなか、如来蔵にせよ仏性にせよ、それらが成仏の因となる（種姓《しゅしょう》の義）ということは、どのように受け止めるべきなのであろうか。この問題を、縁起の観点からみていくとき、成仏すなわち智慧の成就ということは、どのような縁起において実現することになるのであろうか。

果が智慧なら、因はその智慧の因そのものでなければなるまい。もし我々が修行さえすれば覚《さと》ることができるのであるなら、我々はなんらかのその覚りの智慧の因をもとより有していると言わなければならないだろう。木が燃えるのは、木に燃える性質（燃える要因）があり、火という縁があって、はじめて果として燃えるということがありうる。同じように、人間になんらか智慧の要因があって、しかもさまざまな縁に会うことによって、実際に智慧は成就《じょうじゅ》することになる。ではその智慧の因とは、どのようなものと考えられようか。とにかくそれは、少なくとも智慧を本質とするものでなければならないだろう。

しかもその智慧は、覚ってみれば、少なくとも無分別智においては、時空を超えた世界に同ずるのであり、このとき、ここをあえて言葉で表そうとするならば、本来、覚《かく》の智慧としてはたらいていた世界に同ずる、と表現するしかないであろう。そうであるとき、その智慧の因はもとより智慧そのものであったということになる。こうして、じつは人間は本来、覚っているのだ、という言い方が生まれることになる。それを端的に言った言葉が、本覚《ほんがく》という有名な言葉である。

この本覚という言葉は、もと『大乗起信論』に出てくる言葉である。今時の若者は、『大乗起信論』と言っても何のことかさっぱりわからないであろうが、昔は多くの人びとに読まれた有名な書物であった。じつは大乗仏教の考え方を簡潔にまとめた本は、そう多くあるわけではない。その意味で『大乗起信論』は貴重な書物といえる。この書物は、インドでできたのか、中国でできたのか、今もって結論が出ていないが、インド以来の唯識思想・如来蔵思想・中観思想を総合したような、興味深い書物である。

この『大乗起信論』に、「本覚の義は始覚の義に対して説く。始覚は即ち本覚に同ずるを以てなり」と出てくる。悟りの体験を得たとき、当然、時空を超えた世界に一如《いちによ》となる。そこから言語体系の世界に出てきたとき、覚りの世界はもとよりあったと、このような言い方にならざるをえないものがある。もちろん、この本覚は何か実体的存在だというわけではないであろう。それでは同ずる始覚も実体だということになってしまう。始覚が智慧としてのはたらきなら、本覚もはたらきそのものであることはいうまでもない。

もちろん、如来蔵もさきの仏性も、本覚と変わるものではない。このとき、それは、智慧そのもの（理智不二《りちふに》の真如）でもあることを、思うべきである。

真如門と生滅門

以上、我々の心の奥底には、仏の覚りの智慧が存在している、ということも仏教においては説かれていることを紹介してみた。仏教は意識の下に末那識・阿頼耶識を説き、さらに本覚さえも説くのである。これらの思想は、理性による究明だけでなく、身心一如の三昧《ざんまい》行《ぎょう》の実践において掘り下げられた自覚を、表現したものなのである。西洋の合理的思惟が捨ててきた身体性をも、じゅうぶんに取り入れての思索の結果なのだ。その古代的思惟こそが、今やモダンの先を行っていることを、読者も気づかされていることであろう。

もっとも、『大乗起信論』は、本覚を究極の根本と説いているわけではないことも、ここで注意しておきたいと思う。『大乗起信論』は一心に真如門と生滅《しょうめつ》門の二門を立てるのだが、本覚ということは「生滅門」において説かれているのである。ということは、本覚というのも、覚りの世界や迷いの世界を言葉で表現しようとした世界にあって、一つの説明の世界のなかのものであるということだ。始覚が本覚に同ずるといっても、その覚りそのものの世界は、むしろ「生滅門」に対する「真如門」においてこそ、実現すべきものなのである。そこは、いわば八不《はっぷ》（不生・不滅、不常・不断、不一・不異、不来・不出）のように示され、さらに依言真如に対する離言真如によってかろうじて語られている。ここから見れば、本覚というのも仮の表現であることは、じゅうぶん了解しておくべきだろう。

なお、『大乗起信論』は、この二門は、衆生心《しゅじょうしん》という一心の二側面だとしているのであった。我々の知っている日常のごくふつうの自分の心（介爾《けに》の一心）に、じつは本覚やさらに離言真如までを究明しているのである。これまで心の奥と言ってきたけれども、その心とは、本当をいうと、まさにこの日常の一瞬の心に即してのことだったのである。

心のなかの「十界互具」

さらに心の奥を尋ねてみよう。人の心のなかには、仏性以外に、何か存在しないであろうか。このことにかんして、ここにちょっと興味深い思想を紹介してみよう。それはじつは天台思想において説かれることである。天台思想とは、中国の天台山に拠った智顗《ちぎ》（五三八～五九七）という人が、鳩摩羅什《くまらじゅう》訳『法華経』をもとに独創的な哲学を編みだしたものである。日本の最澄（七六七～八二二）は、この智顗の思想を学び、さらにこれを発展させていった。いうまでもなく、比叡山は、日本天台宗の中心地である。

その天台智顗の重要な思想の一つに、「十界互具《じっかいごぐ》」というものがある。十界というのは、地獄・餓鬼・畜生・修羅・人間・天上・声聞《しょうもん》・縁覚《えんがく》・菩薩・仏という、十の世界のことだ。この十の世界は、互いに具しあっている、というのが、十界互具である。たとえば、人間界には、地獄界もあれば仏界もある。地獄界にも、人間界も天上界も仏界もある。仏の世界には、人間界も地獄界も本当はある。こういう思想である。

ここで互いに具しあっている事態は、じつはそれらの世界に住むそれぞれの生き物の心においてなのらしい。というのも、この「十界互具」を基本にして、さらに「一念三千」ということを説き、この「一念三千」の思想こそが天台宗の最高の教えとされているからである。

一念というのは、人間なら人間の一瞬の心のことである。ある人の一瞬の心のことである。そこに十界互具（つまり百界）のすべて、それも三千に展開すべきあらゆる世界のすべてが具わっているという。今は三千のことはひとまずおいて、人間の心には、地獄から仏までの心のすべてが具わっていることになる。この場合、仏性もあるが地獄性（地獄の要因）もあるということになり、あるいは仏もいるし地獄の住人もいるということになるであろう。そうすると、自分の心のなかには、仏も大菩薩もいるということになる。それもしかも、多数の仏たち・大菩薩たち、ということになるであろう。と同時に、地獄や餓鬼などの者もいることになってしまうのではないかと思われるが。仏教を念じていれば、心のなかにある現在の自分以上の存在を、引き出し、発揮させていくことができると考えられていたのであろう。日蓮は、それらの諸尊の名前を南無妙法蓮華経のまわりに配置させた図を顕わして、曼荼羅《まんだら》とした。これは自心に具わる諸尊らを表現したものである。

一方、名前の文字でなく、まさにおのおのの身相を絵図で表すのが、密教の金剛界・胎蔵界の曼荼羅絵図である。密教というのは、インドで七世紀頃に興った新たな仏教であり、大乗仏教の理想を受け継ぎつつ、修行方法などにおいて独自の説を主張したものである。日本の空海（七七四〜八三五）は唐の長安でこれを学び、日本に持ち帰り、さらに独自の思想体系を創造した。空海の密教は真言宗といわれる。天台宗の最澄も

胎蔵界（『両界曼荼羅』金剛峯寺蔵）

密教を取り入れようとし、比叡山では天台の密教すなわち台密《たいみつ》が展開されている。これに対し、空海の真言宗は、東密《とうみつ》と呼ばれている。

ともあれ、真言宗などで用いられる曼荼羅を見たことがある読者も多いであろう。これは文章で説明するより、絵そのものを見てもらったほうがいいにちがいない。右頁と左頁の写真のようである。いずれも一番の中核に大日如来がいて、まわりに四仏など、さらにはその眷属《けんぞく》などが幾何学的に配置されている。ただし、金剛界曼荼羅と胎蔵界曼荼羅とで、けっこう配置の様子や順序が異なっているのがわかるであろう。もちろんそこに、異なる意味もある。一般に金剛界は智慧を、胎蔵界は慈悲を表わしているといわれる。この両面が人間の心、つまり自己の心のなかに具わっているというのが、真言密教の

金剛界（『両界曼荼羅』金剛峯寺蔵）

主張なのである。そのことは、男性原理と女性原理の両性具有をも意味しているであろう。

ともあれ、曼荼羅においては、つまりあらゆる他者をも、自分の心のなかに抱いているということなのである。それら諸仏・諸尊が、自己の心のなかではたらいていて、自己という一箇の命をまっとうさせているということなのであろう。

曼荼羅と心の統合

というわけで、心を掘り下げていくと、そのような世界に出てくるということを、仏教徒は知っていた。レンブラントの絵の光よりももっと大きな広がりが、宇宙そのものがそこにある。なお、この曼荼羅についても、あのユングはしきりに関心を示していた。

ユングは、精神障害を持つ患者が、心理的な危機に陥ったとき、不思議とある共通の要素を持つ絵を描くことに注目した。それは、曼荼羅模様のようであり、次第に曼荼羅そのものの研究に進んでいった。やがてユングは、曼荼羅模様が心理的危機に陥った患者の心を統合する大きなはたらきを有することを自覚したのである。あの求心的かつ遠心的な図柄には、そのように人の心をまとめあげ、調《ととの》えていくはたらきがあるのらしい。ユングは曼荼羅模様の要素として、つぎのことを挙げている。

1　円ないし球、または卵の形。
2　円の形は花（薔薇、水蓮——サンスクリット語ではパドマ）あるいは輪として描かれる。
3　中心は太陽・星・十字形によって表現され、たいていは四本、八本ないし一二本の光線を放っている。
4　円、球、十字形はしばしば回転しているもの（卍）として描かれる。
（略）
6　四角と円の組み合わせ。すなわち四角のなかの円、またはその反対。
（略）
（C・G・ユング著、林道義訳『個性化とマンダラ』みすず書房、一九九一年、一八五頁）

このような曼荼羅模様は、仏教だけにあるのではない。むしろいたるところに存在していよう。キリスト教やイスラーム、あるいは民間宗教などにもあるものである。しかしあの密教の両界（金剛界・胎蔵界）曼荼羅ほど、緻密で美しいものはないのではなかろうか。そのエッセンスを抽象的に表わしたのが、前田常作さんの絵画で、曼荼羅は現代アートにも通じている。そういうわけで、マンダラは現代の一つの有力なトピックとなっている。

こうしてみると、自己の心の奥底に向かって旅をしてみたい気持ちにもなるかもしれない。山野を跋渉《ばっしょう》して、金鉱を見出して、その金を掘りだし精錬する。このことを心の世界において果たしていく。修行とは、そういうものかもしれない。

華厳十重唯識の奥義

もう一つ、興味深い心の解釈がある。それは、華厳の十重唯識の説である。ここで華厳というのは、中国・唐の時代、『華厳経』にもとづいて体系的な哲学思想をまとめた華厳宗の思想のことを指していうものである。華厳宗の思想は智儼《ちごん》（六〇二～六六八）が創造し、その弟子・賢首大師法蔵《ほうぞう》（六四三～七一二）がそれらを整理・体系化し、完成させた。法蔵の著作には、『華厳経探玄記』や『華厳五教章』などがある。

この華厳思想のなかに、十重唯識の説があるのである。これは唯識ということをずうっと掘り下げていって、究極的には華厳の説く事事無礙法界《じじむげほっかい》そのものが心にほかならないと示すものである。先取りして言えば、本当の心は、この現実世界そのもの以外にはない、というのだ。驚くべきおしゃれな逆説ではないか。これは、『華厳経』「十地品《じゅうじぼん》」の第六現前地に出てくる「三界虚妄、但是心作」という句にかんして、この心（一心・唯心）とは何かを、法蔵が『華厳経探玄記』において説明するところに出てくるものである（大正新脩大蔵経三五巻、三四六頁下以下参照）。今はその名称のみ簡単に掲げてみると、むずかしいけれどもつぎのようである。なお、その内容もごく簡単に付しておこう。なお、識は自らの内に対象像を持つものであり、その識内の対象面を相分、主観面を見分と呼ぶことは六五頁に記しておいた。

一、相見倶存《くそん》唯識（識の相分・見分のみがあるとして世界を説明）
二、摂《しょう》相《そう》帰見唯識（その相分を見分（識体）に帰して世界を説明）
三、摂数帰王唯識（数は心所有法。心所を心王に帰して世界を説明）
四、以末帰本唯識（七転識《しちてんじき》を阿頼耶識に帰して世界を説明）
五、摂相帰性唯識（現象としての阿頼耶識をその本性（真如・法性）に帰して世界を説明）
六、転真成事《じょうじ》唯識（真如・法性が自己の本性を守らず現象に翻るところで世界を説明）
七、理事倶融唯識（現象界が、その本性と融け合っているところで世界を説明）
八、融事相入唯識（現象同士が作用（用）において融け合っているところで世界を説明）
九、全事相即唯識（現象同士が存在（体）において融け合っているところで世界を説

十、帝網無礙唯識《たいもうむげゆいしき》（現象同士が体・用いずれも重重無尽に融け合っているところで世界を説明）

この十重唯識の要点は、物（感覚）の世界（色・声・香・味・触の五境）なども自らのなかに描きだすような、その感覚・知覚等々の心をどこまでも掘り下げていくと、その現象としての心の本性である真如にまで達し、しかもその真如とは空性そのものであるがゆえにかえって自らを否定して現象世界を成り立たしめていることを見ることにある。ここを華厳では、「真如随縁、不守自性」（真如は縁に随《したが》い、自性を守らず）という。あの『般若心経』の「色即是空」からただちに「空即是色」へとよみがえることを、深く洞察しているところが、この華厳十重唯識の奥義の要《かなめ》といえるだろう。

かの「空即是色」を華厳の思想で表現すれば、理事無礙法界《りじむげほっかい》といえる。「空」（空性）は真如・法性のことでもあるが、それを理（理性）という。もちろん「色」は五蘊（色・受・想・行・識）の代表で、事（事象）を意味している。ゆえに「空即是色」は、理事無礙法界にほかならないわけである。

ここからあとは必然的に、事象と事象とが融けあっているという事事無礙法界に展開していくわけだ。第七の理事倶融唯識ののちの、第八・第九・第十の唯識において、その事事無礙法界が明かされている。

自己を否定しつくして真如法性になりつくしたら、おのずから現実世界によみがえるということは、たとえば浄土教(特に真宗)において、浄土に往《い》ったら(往相《おうそう》)、今度は娑婆《しゃば》に還ってくるのだ(還相《げんそう》)と説くことと、親しいものだと思う。往相・還相の双方があってはじめて浄土教の救い(自己実現)も完成するが、このときその還相とは、浄土をどこかに残しておいて、この娑婆に還ってくるということなのであろうか。

そもそも浄土往生とは、じつは不生であり、その生まれないというところに浄土はあるとも言われる。曇鸞《どんらん》はまさにそう説いていた。不生ということは、真如・法性と一如したところであろう。そうすると、おのずからこの世において活動しはじまる。そこに還相がある。だから還相とは、今・ここで、浄土に住しつつそのことを他者に気づかせていくことになるのではないであろうか。

事事無礙法界とは、理事無礙法界を経由しているがゆえに、この世がそのまま浄土として開かれた世界である。そこ以外に、畢竟《ひっきょう》、往くべき浄土はないともいえよう。

というわけで、この十重唯識の説が明かしていることは、心というものは、究極的には、この現実世界そのものである、ということである。

人はふつう、心というと、物に対する心というものを想定するであろう。そこでは物とならべて心を対象化しているのであって、それを知る心、主観そのものとしての心、本当の自己そのものについては、結局、隠されてしまっている。その仕方では、本当の自己をいつまでも見ることができない、自覚することができない。

けれども仏教はそういう対象論理的な認識を透脱《とうだつ》して、心そのものを自覚し、さらにその心の本性をも掘り下げて、そしてついにはこの現実世界にまで到達してしまうのである。そこは、もはや心に対する物の世界ではなく、自己が無限の関係性のなかに組み込まれていて、しかもその世界全体がそっくり自己であるような、そういう世界として現前するのだ。まことに雄大な光景である。

空海の十住心思想

おそらくこうした教説もふまえ、独自に心の深まりをやはり十段階に整理して提示したのが、日本の弘法大師空海であった。それは、「十住心」という思想である。ここにも、じつにスケールの大きな世界観がある。空海は心を、つぎのような十住心として示している。やはりその名称と簡単な説明のみを掲げてみよう。

第一　異生羝羊心《いしようていようしん》（凡夫の雄羊のような心）
凡夫の本能のままの心。セックスとグルメのことしか考えない。

第二　愚童持斎心《ぐどうじさいしん》（愚かな少年が自己を慎み反省する心。儒教）
何らかの外縁により、人間的に生きようとする心が芽生える。

第三　嬰童無畏心《ようどうむいしん》（赤ちゃんが母のもとですっかり安らいでいる心。婆羅門教）
人生はこの世だけでなくあの世もあると知って、善根を植えることに励む。

第四　唯蘊無我心《ゆいうんむがしん》（五蘊〈四七頁参照〉＝物質的・精神的諸要素＝諸法のみ有り、我はないと知る心。声聞乗）
ただ世界を構成する要素（ダルマ）はあるが常住の我はないと知って我執を離れる。

第五　抜業因種心《ばつごういんじゅしん》（業を生み出す根本（種）である無明を抜く心。縁覚乗）
十二縁起説を観察し、迷いの根本の無明を断じて涅槃に入る。

第六　他縁大乗心《たえんだいじようしん》（他者に関わる大乗の心。法相宗）
あらゆる他者を救済したいとの心が起き、唯識を理解して我・法を離れる。

第七　覚心不生心《かくしんふしようしん》（心の不生を覚る心。三論宗）
あらゆる言語・分別を否定しつくして、不生・無相の世界に入る。

第八　如実一道心《にょじついちどうしん》（如実なる一道（真如）を証する心。天台宗）
その絶対否定の世界は、根源的主体がはたらく絶対肯定の世界だと自覚する。

第九　極無自性心《ごくむじしょうしん》（究極と思われる真如もまた無自性であることを了解する心。華厳宗）
絶対肯定の世界をも超えて、重重無尽の縁起をなす現象世界に入っていく。

第十　秘密荘厳心《ひみつしょうごんしん》（密教のみが実現するあらゆる功徳で飾られた心。真言宗）
密教の修法により、心に本来具わっていたあらゆる功徳が実現する。

以上が十住心の概要であるが、空海が真言密教をもっとも高く評価するのはいうまでもないことである。そこへいたる過程において、第七住心において絶対否定に没入し、第八住心においてそこがそのまま絶対肯定の世界であるとよみがえる。禅宗においても、「大《だい》死一番《しいちばん》、絶後蘇息《ぜつごそそく》」という。深く禅定に入って、心を統一し尽くして、座布団上で死にきれ、とよくいう。すると、不思議にも忽然《こつぜん》として息をふきかえすというのである。空海はしかもそこにもとどまらずに、さらに華厳（第九住心）を通過しなければだめだといっている。その意味では、華厳思想も空海にとってはきわめて重要であっただろう。さらにそのうえで密教があるとしている。

心の源底の真実

その密教の究極は、じつは自己の心に、あらゆる他者が生きているということである。その証拠に、空海の主著『秘密曼荼羅十住心論』の、第十住心の冒頭の句を掲げてみよう。

秘密荘厳住心とは、即ちこれ究竟《くきょう》じて自心の源底を覚知し、実の如く自身の数量を証悟す。いわゆる胎蔵海会《かいえ》の曼荼羅と、金剛界会の曼荼羅と、金剛頂十八会の曼荼羅とこれなり。かくの如くの曼荼羅に、おのおのに四種曼荼羅・四智印等あり。四種と言っぱ、摩訶《まか》と三昧耶《さんまや》と達磨《だつま》と羯磨《かつま》と、これなり。かくの如くの四種曼荼羅、その数無量なり。刹塵《せつじん》も喩《ゆ》にあらず、海滴も何ぞ比せん。(『弘法大師全集』第一輯、密教文化研究所、一九七八年、三九七頁)

まさにあの絵図に示された曼荼羅世界そのものが、心の源底の真実だと言っている。やはり心を掘り下げて、この現実世界のただなかに出てきているのだ。あるいは華厳の事事無礙法界を、個々の人格のもとにとらえかえしているともいえよう。いわば華厳の世界観を、さらに立体化していると評せようか。実際、空海は東寺に、諸仏諸尊の立体曼荼羅を設置している。
ともあれ、この現実世界の存在の一つ一つが、心であり、さらに仏の命そのものだ、と説くのが仏教だ、といえようか。その明らかな自覚をすみやかに実現せしめる（即身成仏）のが我が宗の行法だと密教は主張するのだが、本当にこの世のうちに容易に覚りを実現できるのか、それは密教の正師について学ぶほかあるまい。

以上、仏教のさまざまな心の見方を見てきたけれども、本当に多彩・深遠で、しかも思いがけない切り口を持っているものである。心の奥なる世界ということで、読者は無意識の世界の情景が解明されることを期待していたかもしれないけれども、心の奥底はじつは、今・ここの現実世界そのものなのであった。禅者はしばしば、つぎのように言っている。「至り得《え》帰り来たれば別事無し。廬山《ろざん》は烟雨《えんう》、浙江《せっこう》は潮」と。

第四章　自然について――自己と環境の哲学

環境問題解決への道

仏教においては、心の深みを追求していったら、かえって現実世界そのものに出てきてしまった。そこは密教では他者との交響の世界でもあり、華厳のほうでも事事無礙法界として、自然世界をふくむ現実世界そのもののことであった。そこで今度は、自然あるいは環境の問題を、仏教に照らして考えてみようと思う。

今日、環境が深刻な危機に陥っていることは、さまざまに論じられていよう。もっとも頻繁に報道されるのは、温暖化の気候変動の問題だろう。温室効果ガスをいかに削減するかについての国際的な取り組みの問題は、しばしば報道されている。しかしその問題だけでなく、地球世界にさまざまな問題が出てきていることはいうまでもない。

一九八九年の秋、スウェーデンのイェーテボリで開催された「エコロジー89会議」で、議論の末に提起された「地球的規模の環境問題」には、つぎのようにたくさん挙げられている。①人口の増加、②生物的多様性とその保全、③気候の変動、④森林の減少、⑤有害廃棄物、⑥土壌の劣化、⑦バイオテクノロジーに由来する危険性、⑧環境悪化を進めるエネルギー生産、⑨人間の無知と変化への恐怖、⑩南北の対立、⑪対立する政府の政策、⑫軍事的不安定と民主主義の欠如、⑬危険性の認知、⑭病原体、⑮都市環境、⑯労働環境、

⑰資源の消失（小澤徳太郎「私の環境論」三、『サングラハ』第九七号、サングラハ教育・心理研究所、二〇〇八年一月）。

これらの問題の解決への道を、私なりにごく簡単にまとめてみると、つぎのようになるかと思っている。

①科学・技術の進展による解決（省エネ・無公害技術などの開発。地球システム）

②社会システムの変換による解決（循環型社会への移行。社会システム）

③ライフスタイルの転換による解決（人間の欲望の抑止。行動レベル。人間システム）

④人間観・世界観の確立による解決（生きる目標の自覚。思想レベル。文化システム）

このうちのどれかがあればよいというものではなく、いずれも同時に進められるべきである。また、①から④に行くにしたがって、短期的目標から中・長期的目標となっていよう。

おそらく、自然破壊を導いてきた張本人の科学・技術は悪であり、人間はそれを捨てて古代の生活に戻るべきだという議論はできないであろう。

問題は、科学・技術をどの方向で用いていくかである。とすれば、そこにはたしかな人間観・世界観がなければならないはずである。あるいはまた、ライフスタイルを転換するというとき、地球全体の資源がこれだけしかないから、窮乏生活を我慢せよという方向だけでは、スムーズな転換は望みがたいのではなかろうか。むしろ人びとにたしかな人間観・世界観があるとき、主体的に、内発的に、自己の生き方を選び取っていくはずである。それは、循環型社会への積極的な参加を促し、あるいは科学・技術の方向性にも指針を示していくことになろう。

そうした意味では、今日の環境問題の根底に哲学・倫理を確立していくことは、きわめて重要なことである。なかでも、とりわけサステイナビリティ（持続可能性むしろ維持可能性）を実現するライフスタイルを直接導くような倫理の確立が、切実に望まれていることであろう。

しかし倫理・道徳を導く根底には、そもそも人間とはいかなる存在なのか、自己とはいかなる存在なのかの明確な自覚が求められるにちがいない。自己とは何かの問いには、自己と自然の関係はどのようか、自己と他者との関係はどのようか、などの問題も当然、ふくまれている。こうした問題の明らかな了解があればこそ、いかに生きるかの基盤も確立されることになる。

というわけで、じつは今日の環境問題を機に、我々のライフスタイルの方向性を定めていくためにも、自己と環境とはどのような関係にあるのかを深く自覚することが求められているということになる。我々は今、このような文脈において、仏教の人間観・自然観・

世界観を探究していく必要もあると思うのである。

一人一人八識

インド大乗仏教には、中観《ちゅうがん》派と瑜伽《ゆが》行《ぎょう》派の二大潮流があったといわれるわけだが、その瑜伽行派は、世界を心の現れとして見る哲学を展開したのであった。前にもふれた唯識の哲学である。まずはここから、その自己と自然の関係の問題などを探ってみよう。

唯識では、八つの識を考えていた。眼識・耳識・鼻識・舌識・身識・意識・末那識・阿頼耶識の八識であった。眼識・耳識・鼻識・舌識・身識は五感であり、順に色・声・香・味・触の相分を内に有するもの。意識は一切の法を知覚し、推理や判断もおこなう。末那識は意識の底にあって、恒常的に自我に執着しているものだ。その下に、さらに阿頼耶識という識があるとされていた。

その阿頼耶とは、蔵の意味であり、ここに過去一切の経験を種子《しゅうじ》という形で保存しているとされるのであった。この識は、いわば生命の根幹であり、しかも生死輪廻を貫いて相続されていく。ただしその相続は、刹那滅《せつなめつ》（刹那刹那、生じては滅し、生じては滅し、する）の仕方で、しかも一瞬の隙間もなくおこなわれていくという。刹那滅ということは、もちろん阿頼耶識のみでなく、八識（および心所有法など）すべてにいえることではあるが。しかも阿頼耶識と阿頼耶識以外の識（七転識《しちてんじき》）とは縁起の関係にあり、縁起所生であればそれ自体としての本体を持たず、つまり無自性であるわけで、結局、一切は空であるということになるわけである。

さて、たとえばだが、見るということ（視覚）は、ではこの唯識の世界観において、どのように成り立つのであろうか。前に説明したことと重複するが、カントでは、まったく不明の「物自体」にもとづいて、感覚が成立するとしていた。じつは唯識では、その「物自体」に相当するものを、阿頼耶識の相分に求めるのである。阿頼耶識も識である以上、そこには相分と見分とがあることになる。

ではその相分は何かというと、古来（『瑜伽師地論《ゆがしじろん》』など）、有根身《うこんじん》（五根＝感覚器官を有する身体）と器世間《きせけん》と種子とされている。すなわち、個体の身体（有根身）と、物質的な環境（器世間）と、そして感覚・知覚などの活動をもたらす因である種子とであるという。

その阿頼耶識の世界は全体、不可知とされ、カントの物自体同様、どのようなものかはまったく知られるものではないのだが、そういう阿頼耶識を基盤とする八識のなかで、たとえば眼識はこの自己の阿頼耶識のなかの器世間を眼識の外の対象としつつ、眼識のうちにその映像を浮かべそれを見るという構造になるわけである。したがって、カントの物自体に相当するものは唯識でもやはり想定されているのであるが、しかし唯識思想ではそれを外界の実在と見ず、阿頼耶識の相分と見るのである。人人唯識《にんにんゆいしき》であって、一人一人八識なのであり、阿頼耶識は衆生の数だけあるだろう。それは外界の実在と同じように客観的でありうるのかが疑問であろうと思う。詳しいことは省くが、唯識思想では、人間界に生まれた者の器世間は互いに共通のものとなっていると説く。

以上をひとまず表にすると、以下のようになる。

	自識内の対象	自識内の対象の根拠（自識外の対象）
眼識	色	器世間
耳識	声	〃
鼻識	香	〃
舌識	味	〃
身識	触	〃
意識	法	一切法
末那識	我の影像	阿頼耶識の見分
阿頼耶識	五根・器世間・種子	〔なし〕

環境も自己である

こうして唯識思想では、一人一人が八識で、その一人一人の阿頼耶識のなかに、身体と環境とが維持されていると説いている。このことは、にわかには理解しがたいことであろう。我々はふつう疑いもせずに、自己とは、身体とそこに発生する心とであると考えているからである。しかし唯識思想では、以上によれば、まずある心（識）があって、そのなかに身体と環境とが維持されていて、そのうえで見たり聞いたり、環境への働きかけがなされているということになる。そしてその総体が一個の人間、自己だというわけなのだ。

考えてみれば、我々の身体は、環境との循環・交流なしには存立しえないにちがいない。我々の生命は、けっしてひとり自己の身体のみによって維持されるわけではない。食物や水や空気を取り込み・排出して、はじめて生命は維持されるからである。とすれば、我々の一個の生命、我々の自己は、身体と環境が循環・交流する総体、あるいは身体を焦点に主体と環境が交流・交渉するその総体であると見るべきだということになる。そう見てこそ、はじめて生命を具体的にとらえられるというべきであろう。

このように、個体と環境を一組、セットとしてとらえたとき、世界には何十億のそのセットが存在しているということになる。自然世界はただ一つかもしれない。しかし自己（いのち）は身心と環境のセットであるという観点からすれば、世界にはいわば無数のそのセットがあり、そこに無数の環境世界、自然世界があるともいいえることになる。この観点に立てば、唯識思想で阿頼耶識のなかに器世間があると説くところも、必ずしも奇異であるとはならないのではなかろうか。

というわけで、我々の自己は、身体と環境が循環・交流する総体、あるいは身体を焦点に主体と環境が交流・交渉するその総体であると見るべきだということになるが、そうだとすると環境も自己自身にほかならないということになる。自然は自己を支える他者なのではなく、自己そのものにほかならないということである。桜ももみじも、岩も滝も、すべては自己なのである。さらに環境の病は、自己の病なのである。このような、自然環境も自己であるという了解から、環境に対する何か新しい姿勢が生まれはしないであろうか。

そのように唯識思想では、環境も自己であるというかたちで、我々の人間（生きもの）と世界とを記述している。その唯識の考え方、特に人人唯識と阿頼耶識の考え方には、常識によるかぎりは、なじめないかもしれない。しかし身体は環境と循環・交流してはじめて生命を維持しているのであり、身体と環境はセットとしてとらえて、そこに一個の生命を見出すべきだという思想・哲学は、今日ふたたび見直されてよいものではないかと思われる。

「三世間融合の十身仏」――華厳思想の仏身論

ちなみに、重重無尽の縁起を説く華厳宗では、仏という存在を、ふつうの三身《さんじん》（法身《ほっしん》・報身《ほうじん》・化身《けしん》）ではなく、十身として描いている。大乗仏教は、仏という存在を、歴史上の釈尊のみに見るのでなく、目に見えない永遠の仏のような存在として描いている。法身というのは、空性＝法性＝真如を体としているというところで見た仏さまで、いわば絶対者のような仏である。報身というのは、修行の果報というところで見た仏さまで、智慧そのもの（大円鏡智《だいえんきょうち》・平等性智《びょうどうしょうち》・妙観察智《みょうかんざっち》・成所作智《じょうしょさち》の四智）といえる。化身というのは、その仏さまの智慧が、衆生救済のために凡夫に見えるかたちで姿を現したものだ。もちろん、三身は一つで、一人の仏の内容を整理して見せたもので、いずれかの一身のみが独立してあるわけではない。

大乗仏教ではふつうはこの三身論がよく用いられるのだが、華厳宗のみ、じつに十身仏ということを説く。それは、『華厳経』「十地品《じゅうじぼん》」に出る十身、「衆生身・国土身・業報身・声聞身・辟支仏身・菩薩身・如来身・智身・法身・虚空身」（大正新脩大蔵経九巻、五六五頁中）を内容とするものである。そこで、この内容をまとめてみると、自己と環境と他者の全体の、そのすべてということになる。少し言葉がむずかしくなるけれども、術語的には、智正覚《ちしょうがく》世間・器《き》世間・衆生《しゅじょう》世間の三世間となる。智正覚世間とは、その仏の悟りの智慧のこと。器世間とは、その仏が住む仏国土、浄土のこと。そして衆生世間とは、その仏国土に住む人びとなどのことである。したがって十身仏ということは、これらの全体が、一人の仏の内容であるということだ。そこを華厳宗では、「融三世間十身具足の法身仏」ともしばしば言ったりするのである。

ここには、ある一人の仏の存在は、そのかけがえのない個と、その置かれる環境と、その環境における他者の全体であるという見方がある。ひじょうに深いとらえ方だと思う。ただし、このことは何も仏のみに限られず、我々の一箇のいのちの実相でもあるであろう。おそらく、こうした見方が言われる根底には、唯識思想の個の把握があるにちがいない。

ともあれ、仏教では、環境も自己であるということは、もう動かせないことになった。

天台思想の草木国土観

つぎに、中国仏教の双璧（天台宗・華厳宗）の一つであり、日本にも大きな影響を与えた天台思想のなかで、自己と自然の関係の問題を見てみよう。その際、日本でよくいわれる「草木国土《そうもくこくど》、悉皆成仏《しっかいじょうぶつ》」の句の背景にある思想を尋ねることにする。

まず、この句は、お能の謡曲にもしばしば引かれているから、おそらくはそれらを通じて民衆にも相当程度、広まったことであろう。たとえば、『墨染桜』『鵺《ぬえ》』など、二十ほどの謡曲に、この句ないしその思想を見ることができるほどである。

これらによると、この句は『中陰経』に出るとはっきり示されている。しかし実際には『中陰経』にはこの句は存在しない。この句の初出は、五大院安然(九世紀後半の頃)の著作『斟定草木成仏私記』であるという(末木文美士『草木成仏の思想 安然と日本人の自然観』、株式会社サンガ、二〇一五年)。そこにすでに、「中陰経云、一仏成道、観見法界、草木国土、悉皆成仏、身(長)丈六、光明遍照、悉能説法、其仏皆名、妙覚如来」と出るのである。しかし実際には、『中陰経』にはこの句は存在しない。末木先生は、この句は安然が『中陰経』の文句を巧みに言い換えたものだろうと推察されている(同書)。とすれば、この句は日本で作られたのであり、ゆえにその思想は日本的な思想と考えられるわけである。これと同様の句は、宝地房証真《しょうしん》(一一〇〇年代後半の頃)の『止観私記』にも見出される。

以上からは、この思想は主に天台宗において議論されてきたものであることが知られる。ただ、すでに真言宗の弘法大師空海もこのような思想を述べており、また真言宗では鎌倉期以降にこの問題が、天台宗の動向の影響を受けてしばしば論じられているのを見ることができる。その系譜も検討すべきではあるが、ここではまず、天台宗の思想に焦点を合わせておこう。

いずれにせよ、平安時代院政期から中世にかけて、日本でも人間と自然の関係についても、非常に深い哲学的な議論がなされていたのであるが、現代の人びとはこのようなことは知るよしもないことであろう。一方でけっこう西洋の古代や中世の哲学を追ったりしている人も多いが、まずはお膝元を忘れないようにしたいものである。

この「草木国土悉皆成仏」の思想の淵源《えんげん》は、中国の天台智顗（五三八〜五九七）の『摩訶止観』に出る、「一色一香無非中道」（一色一香中道に非ざる無し）にある。見るもの・聞くものすべて中道でないものはない、という。あらゆる事象の一つ一つに、絶対でないものはない、ともいえそうである。この言葉は、やがて有情（植物をのぞく生物）ではない非情（植物や無機物）にも仏性があるという思想を説くものとして受け止められていった。のちの荊渓湛然《けいけいたんねん》（七一一〜七八二）は、『止観輔行伝弘決《ぶぎょうでんぐけつ》』巻一において、非情にも仏性があるということを、十の説によって強調している。

こうした中国天台教学を背景に、日本においては最澄（七六七〜八二二）ののちに、この問題が大きく扱われていくことになる。円仁《えんにん》・円珍、五大院安然《あんねん》、良源、源信らが、この問題を論じたと見られている。ここにあげた方々はみんなたいへんな思想家、哲学者であるのだが、こうした方々のことも、いまの人は何も知らないのではないだろうか。もったいないことである。

天台宗のなかで、草木成仏をもっとも積極的に主張したのは、慈恵《じえ》大師良源（九一二〜九八五）作と伝える『草木発心修行成仏記』であろう。そこではなんと草木自身が発心・修行・菩提・涅槃することを強調しているのである。ただし、この著作は、真に良源のものとはいえない。概して、天台本覚思想の著作は、後世の作が良源や源信らに仮託されたものがほとんどであるのが実情である。

「草木国土、悉皆成仏」の論理

そうしたなか、忠尋《ちゅうじん》（一〇六五〜一一三八）作と伝える『漢光類聚《かんこうるいじゅう》』（これも後世の作はまちがいないようで、一説には、一二五〇年ごろの作という）は、ともかくその思想の論点・解釈についてまとめたものを示してくれている（『天台本覚論』日本思想大系九、岩波書店、一九七三年、二一五〜二一七頁参照）。そこには、「……草木成仏に七重の不同有り。一に諸仏の観見、二に法性《ほっしょう》の理を具す、三に依正不二《えしょうふに》、四に当体の自性、五に本より三身を具す、六に法性の不思議、七に中道を具す。中道とは、一念三千、草木も亦た闕《けつ》せざるが故に、と云へり」とあって、七種の理由から、草木成仏ということが言われうるという。

以下、とりあえずここに出る思想を検討して、天台宗において、自己と自然の関係、ひいては自己という存在がどのように把握されていたのか、尋ねてみようと思う。まずはその内容を紹介してみる。

一つの色（視覚対象）、一つの香（嗅覚対象）、つまりは物質的な一つ一つのものは、中道でないものはない、ということについて。

前の、法界に心をかけ、その一つの心に法界があるというのは、衆生について言ったことである。その一つの心に具わる三千のおのおのは、また互いに遍《あまね》く具しあうことも当然成立しているがゆえに、一つの色、一つの香の当体もまた心と同じように、真実の智慧としての心を有しているものでもあるのである。（略）色・香などの個個の現象の当体も三千を具しているのであり、草木も成仏するということは、疑い、非難すべきことではない。（略）

質問していう。天台の草木成仏は、この「一色一香、無非中道」の文から出たのだと聞いた。では、その草木成仏には、さまざまな解釈がありえるのだろうか。

答える。その詳しいことは、宗の根本思想に関わることである。ただ、心得るべきは、草木成仏に七種類の説明があることである。『決附』（慈覚大師撰とされるも不明）には、草木成仏に、七種類の異なる見方があるという。それは、一、諸仏の観見、二、法性の理を具す、三、依正不二、四、当体の自性、五、本より三身を具す、六、法性の不思議、七、中道を具す、というものである。この中道とは、一念三千を草木もまた欠かないからである。以上の七つの見方について解説しよう。

第一に、諸仏の観見における成仏とは、経典に、「ある仏が成道を果たして、〔法界を〕観見すれば、〔草木も国土も〕すべては成仏する」とあることによる。草木そのものは別に成仏はしないのだが、諸仏が草木を対象として観察をなすとき、その諸仏の智慧としての心に映る草木の相は、智慧そのものつまり仏そのものにほかならない。そこにおいて、しばらく草木成仏と言うのである。

第二に、理を具すことにおいての成仏とは、草木もまた、法性というあらゆる存在に普遍的な本性（空性でもある）すなわち理を具えている。仏とは覚りの智慧のことであるが、かの本性そのものとしての理は、本来、清浄なる本覚であって、煩悩に汚染されていることはなく覚りの智慧そのものである。その草木が具えている理（本性）と一体の本覚にかんして、それを成仏と言うのである。

第三に、依報《えほう》としての環境と正報《しょうぼう》としての個体（身心）が不二であることにおいての成仏とは、諸法実相の一真実を説く『法華経』の立場では、環境（依報）と個体（正報）は、まったく異なるものではない。完全に融けあい、互いに即しあっていて、一体である。釈迦如来が成仏した以上、釈迦如来と一体であるその国土も成仏したのであり、これが草木成仏のことである。もしそうであれば、衆生（有情）は成仏するが、草木（非情）は成仏しないと言うべきではないのである。

第四に、自己の本性そのものにおける成仏とは、どんなものであれ、そのものの当体は仏なのである。仏とは、覚りの智慧のことだからである。国土であれ衆生であれ五蘊であれ、そのすべての本性は、それ自身（空性であるがゆえに）常住で、煩悩を離れていてその本質は変わらない。その清浄なるところを、仏というのである。草木成仏というのは、草木が仏のしるしとされる三十二相八十種好《しゅごう》を実現するということではない。草木の根・茎・枝・葉は、それぞれそのままに、その清浄なる本性そのものを、成仏というのみである。

第五に、本来、仏の三身を具えていることにおける成仏とは、そのものの本性は法《ほっ》身《しん》であり、言語・分別を離れている。その草木に、照らす智慧の徳が具わっていることは、報身《ほうじん》を意味する。その草木が姿や色を具えていることは、応身《おうじん》にほかならない。もしそうであれば、草木は成仏しないというのは、方便の立場の教えであり、迷いの無明を帯した執着の見解である。最澄が、ことさら作らないまでの三身がある、覚る前も仏である、といわれたのは、この意を解説されたものである。『涅槃経』に、仏性・法身および諸法の自性は、人間や天上（神々）の作りだすものではない、とあるが、その三身の本分である仏性は、ただ仏と仏のみが知りうるものである。この仏と仏のみというのも、天台の仏道を修する円頓《えんどん》行者のことをいうものである。円頓行者とは、その本来、具《そな》わっている三身を知見するからである。云々。

第六に、不思議ということにおける成仏とは、草木の自性は言語・分別の届かないものであって、事ともいえず、理ともいえないものである。その分別を一切離れた本性のところを、強いて成仏というのみである。

第七に、一念三千においての成仏とは、ただ心こそが一切法であり、一切法は心〔の現わし出したもの〕であるから、草木も三千を具し、衆生も三千を具す。行者の一つの心は、草木であるが故に、その心も草木を対象とできるのであり、草木は我々の一つの心であるが故に、草木は対象になりうるのである。草木も三千を具えているが故に、あるいはそれを対象とする心も成立し、それが対象となることも成立する。もし草木が三千を具えていなければ、そのように草木が三千を具えていること自体を考えることはできないであろう。『涅槃経』に、もし心が存在しない対象を認識するなら、それは七仏の説くものでない、というようである。（略）

草も木もそのまま仏である

以上が、『漢光類聚』の示す「草木国土、悉皆成仏」の論理である。ややむずかしかったかもしれない。しかし何回かくりかえし読んでくだされば、けっこう解ることとも思う。ともかく、以上のような議論があるのであり、それらをふまえてごく簡単にその内容をまとめてみると、自己と自然の関係にかんするつぎのような了解があるといえよう。

①自己の完成のなかに自然の姿がとりこまれる。（諸仏観見）
②自然の一つ一つが、自己と自然を超える究極のいのちに貫かれている。（具法性理）
③自己の身・心と自然は、不二であり、切り離せない。（依正不二）
④自然の一つ一つは、それ自体において絶対的な価値を有している。（当体自性）
⑤自然の一つ一つは、もとより霊性的機能を持っている。（本具三身）
⑥本当の自然および自己は、言葉を離れている。（法性不思議）
⑦自然の一つ一つは、他のあらゆる存在と関係し、他を自己としている。（具中道）

このなかで、④・⑥は、自然と自己や心との関係への言及をふくまないが、その本性に着目したものなので、要は②に吸収されるべきものであろう。それが智慧と不可分であるとき、本覚思想になり、⑤と一つになっていく。これらはすべて、平等なる本性において、心と物、自己と環境とが一つであることを示していることになる。

一方、③と⑦とは、本性の地平ではなく、現象の地平で心と物、自己と環境とが不二・互具しているといっているわけである。①は、いわゆる心〔識〕のうちで、相分と見分とが一つであり、そこに一体性を見ている。

こうしてみると、本当に草木が成仏すると見ている説は、じつは少ないと言わざるをえない。特に④において、「草木成仏というのは、草木が仏のしるしとされる三十二相八十種好を実現するということではない。草木の根・茎・枝・葉は、それぞれそのままに、その清浄なる本性そのものを、成仏というのみである」とあったのは、事実上、他にもいえることなのであろう。つまり、「草木国土悉皆成仏」という句の意味は、草木国土も成仏できるということではなくて、多分に草木国土はすでに成仏している存在だ、仏そのものだ、ということを意味している句と受け止めるべきなのである。

草も木もそのまま仏である。山も河もそのまま仏である。そういう思想なのである。それっておかしい、と思うかもしれないが、天台の止観行のなかでの洞察としてこのことが言われているのであって、我々は謙虚にその意味するところを汲んでいくことが必要であろう。しかも、自然は仏である、とすれば、礼拝の対象になってくるし、そこにとても新鮮ないのちの実感が生まれるかもしれない。

参考までに、天台本覚法門の文献である『三十四箇事書《さんじゆうしかのことがき》』「草木成仏の事」は、つぎのように説いている。

「草木は依報《えほう》、衆生は正報《しようぼう》なり。依報は依報ながら、十界の徳を施し、正報は正報ながら、正報の徳を施す。もし草木成仏せば、依報滅じて、三千世間の器世間に減少あらん。故に、草木成仏は巧《ぎよう》に似るとも、返つて浅に似たり。（中略）常住の十界全く改むるなく、草木も常住なり、衆生も常住なり、五陰《ごおん》も常住なり。よくよく、これを思ふべし」（『天台本覚論』日本思想大系九、岩波書店、一九七三年、一六七頁）。

この考え方によれば、草木はすでにそのまま常住（成仏）なのであり、その意味ではむしろ草木不成仏だとさえいうべきなのだというのである。

自己は閉じられた存在ではない

もっとも我々、自己と環境の関係を問題にする者にとっての主題は、本当に成仏できるかどうかではなく、その両者の関係がここでどのようにとらえられているのか、である。その観点から、再度これらの説の意味を考察すると、ともかく②④⑤⑥において、あくまでも空性がその本質ではあるが、自己と環境とは平等一体の本性に貫かれていることが表明されていた。その本性がしかも智慧そのものであると見られるとき、そこにおいて本来成仏ということが言われうることになるわけである。いずれにしても、自己と環境とは、まったく別の存在なのではなく、その本性（空性）において一体なのである。

一方、①は、対象を主観のなかに見出そうとするものであり、唯識の識の思想（一つの識には、相分・見分などが具わっている）を基礎におけば、ただちに理解できることである。さらに③は、自己と環境の不二をいうものだが、それは唯識の阿頼耶識の思想を想定するとき、簡単に説明できよう。こうしてみると、天台においても、唯識思想が基盤をなしているようである。ただし、むしろ『大乗起信論』の唯識（唯心）的世界観を想定しているのであろう。その唯心の思想などを援用しなくとも、縁起の関係性をそこ（依報と正報）に見れば、関係する以上、切り離すことはできず、このとき、天台の立場を考慮すれば、依・正（または主・客）の両者ともに空・仮・中の三つの真理が融合するあり方のなかで、不二ということになるのだと思われる。

⑦は、自己と環境とが分かれてしかも互いに具しあうことが言われていた。では、その具しあうことは、なぜ言えるのであろうか。これは、天台の一念三千の教理を根本としているわけだが、その教理においては、十界互具の思想とともに、一念のなかに衆生世間・国土世間・五蘊世間の三世間があるということが前提になっている。ということは、一念

の心のなかに国土もあるということであり、やはり何らかの意味で、唯識的な思想を基盤としているということになる。ここを根本として、しかもこの心具三千の思想から、逆に色具三千の見方も出てくるのであろう。つまり、心に色がある以上、色は心を離れないのだから、色に一念があることになり、そこに三千があることになる。こうして、草木国土にも三千があり、つまり心や仏性があるのであり、そうである以上、成仏する、ないし成仏している、という思想が導かれてくる。やや複雑怪奇で込み入っているかもしれないが、ともかく古人も、事柄の核心にいたるまで考え抜いていたのである。

こうしてみると、天台の草木国土悉皆成仏の基盤には、自己と環境を超えた心のなかに、自己と環境とが包まれて存在しており、そこにおいて自己と環境とは切り離せず、あるいは本性上一つであると見ている眼があることが知られるだろう。やはり天台教学のなかにあっても、自己は、自己だけに閉じられた存在ではなかった。人は身心の個体だけの存在ではなかった。

みな仏の体である——空海の自然観

参考までに真言宗においても、空海自身が、草木国土は仏身であることを語っている。密教の世界観でも、自己と世界は一体であるということはよく出てくるし、世界そのものが仏身であるということもしばしば説かれている。もはやほんの少々だが、例をあげてみよう。

たとえば、空海の『即身成仏義』には、つぎのようにある。

> 六大無礙《むげ》にして常に瑜伽《ゆが》なり。……
>
> いわく、六大とは五大（地・水・火・風・空）とおよび識となり。『大日経』にいうところの、「我れ本不生を覚り、語言の道を出過し、諸過解脱《げだつ》することを得、因縁を遠《おん》離《り》せり、空は虚空に等しと知る」と。これその義なり。……
>
> かくの如くの六大は能《よ》く一切の仏および一切衆生器界等の四種法身（自性《じしょう》身・受用《じゆゆう》身・変化《へんげ》身・等流《とうる》身）と三種世間（智正覚世間・衆生世間・器世間）とを造す。……
>
> 此の如きの経文は皆な六大をもつて能生《のうしょう》と為《な》し、四法身・三世間をもつて所生と為す。此の所生の法は上、法身に達し、下、六道に及ぶまで、麁細隔《へだて》あり、大小差有りといえども、しかれどもなお六大を出でず、故に仏、六大を説いて法界体性と為したもう。（『弘法大師全集』第一輯、五〇七〜五一一頁）

だいぶはしょっているし、意味が取りにくいとは思うけれども、少々解説してみよう。

だいたい密教の言葉遣いは、やたらむずかしくて、意味ありげで、ちょっと衒学的《げんがく》とさえいえそうだ。

六大というのは、地・水・火・風・空・識の六つの元素（大）のことで、浅い解釈ではこの物質的・精神的元素である六大が環境世界のすべてを作っているということになる。しかし空海はじつはこの六大を、今見たように『大日経』（および『金剛頂経』）の句にあてて、大日如来の内容の暗号として用いている。ここをすべってしまったら何もわからなくなってしまうであろう。すなわち、本当は識大とは覚のことであり、地大とは本来不生のことであり、水大とは離言のことであり、火大とは自性清浄のことであり、風大とは無為のことであり、空大とは空のことであることが、六大の意味なのである。これは仏の本性のさまざまなあり方を示すものなのであり、要は仏の本体のことなのである。したがって、三種世間のなかの一つ、国土世間も六大によって作られているということは、環境も仏を本体としているということを言っているということになるわけである。

空海の他の著作にも同様の説が見られる。『吽字義《うんじぎ》』という、吽の字を訶（h）・阿（a）・汙（u）・麼（m）の四音に解剖して説明する書物には、つぎのようにある。

常遍の本仏は、損せず虧《き》せず、汙字の実義は、汝等まさに知るべし。水外《すいげ》に波なし心内即ち境なり、草木に仏なくんば、波に則ち湿《うるおい》なけん、彼れにあって此れになくば、権《ごん》にあらずして誰ぞ。……三諦円渉にして、十世無礙なり、三種世間はみなこれ仏体なり、四種曼荼（大曼荼羅・法曼荼羅・三昧耶《さんまや》曼荼羅・羯磨《かつま》曼荼羅）は即ちこれ真仏なり。汙字の実義、まさにかくのごとく学すべし。……（『弘法大師全集』第一輯、五四四頁）

「三種世間はみなこれ仏体なり」、つまりは我々の自己と環境世界はみな仏の体である、とある。こうした思想は、空海の他の著作にも、いくらでもあるといってさしつかえないであろう。

ディープ・エコロジーと仏教

以上、仏教における自然環境と自己の見方について、一瞥《いちべつ》してみた。ところで、読者はエコロジーという言葉を聞いたことがあるかと思う。そのなかに、ディープ・エコロジーというものがあることも聞いたことがあるであろう。ノルウェーの哲学者、アルネ・ネス（一九一二〜二〇〇九）が提唱したものである。エコロジーにもディープな世界があるのである。

一般にディープ・エコロジーは、ラディカルな生命中心主義を主張していると見られている。ただしディープ・エコロジーが追究している問題の基盤には、本来の自己の自覚の問題があるのであり、哲学としてはこのことは見逃せないものである。

アルネ・ネスは、スピノザの影響を受けたほか、ガンジーと禅の影響が大きかったといわれている。ネスは、ガンジーの主題はじつは政治運動ではなく自己実現であり、しかもその自己は狭い個我にとどまらない、究極的・遍在的な自己のことであると明かしている。その自己とは、世界の存在のすべてに関係し同一性のなかにあるものだともいう。そこに、いわゆる近代的西洋的な自我を超える自己を見出している。こういうことを、ノルウェーの哲学者が述べているのだから、もはや単純に、西洋は人間中心的、自己中心的、主客二元論的、理性的、東洋はその反対、と図式的に決めることはできないことを思うべきである。関係主義的な世界観であるエコロジーの見方は、おそらく今日では、むしろ日本よりも西洋において、より広範に普及しているのではないであろうか。

こうした自己と世界の見方に対しては、科学としてのエコロジーの知見も関与しているのにちがいない。ネスは、「『すべてがつながり共に存在する』という生態学の原則は、自己についても、また他の生物、生態系、生命圏、そして長い歴史を持つ地球に対する自己の関係についてもあてはまる」とも言っている（アラン・ドレングソン、井上有一共編、井上有一監訳『ディープ・エコロジー——生き方から考える環境の思想』昭和堂、二〇〇一年、五五頁。以下、同書を『生き方』と略記)。さらにつぎのように説いている。

関係主義はエコソフィからみると価値がある。なぜなら、関係主義は、生物や人間はそれらの風土や環境から切り離しのできるものだという信条を、容易に切り崩してくれるからである。生物と風土との相互作用について語ると、生物は相互作用だというような誤った連想を引き起こす。生物と風土とは二つの事物なのではない。もし一匹のねずみが全くの空虚に運び込まれたら、それはもうねずみではなくなるだろう。生物は風土を前提にしている。

同様に一個の人間は、人間が全体の場のなかでの関係的な接合点である、という意味では、自然の一部になっている。一体化の過程とはこの接合点を定めている諸関係が拡大して、ますます多くのものを含む過程である。自己(self)が自己(Self)に向かって成長する。(アルネ・ネス著、斎藤直輔・開龍美訳『ディープ・エコロジーとは何か——エコロジー・共同体・ライフスタイル』ヴァリエ叢書四、文化書房博文社、一九九七年、九二頁。以下、同書を『何か』と略記)

このように、自己と環境は二つのものではないと、明瞭に認識している。このことは、仏教の依報と正報の不二の考え方と、ほぼ共通したものである。

愛他の実践

なお、ネスにおいては、こうした全体としての自己は、別々の存在が関わりあっているというかぎりでの関係主義のみから言われるだけでなく、本来、一体であるような地平すら語られている。「このように幼児期には、世界は主体・客体・媒体に三分化していない。わたしたちがここに新たにつくり出そうとしているのは、ある意味で基本的にこの原初的な一元的存在であるといえる。もう一度幼児に戻ることによってではなく、わたしたちのエコロジカルな自己をよりよく理解することによって、これを実現しようとしているのである」(『生き方』、五八頁)ともいうのである。以上によれば、狭い自我を超えた自己は、主客未分の一真実であり、かつ関係においてとらえられるべきものとなり、つきつめていけば仏教的な無我の我になっていくのではないかと思われるほどだ。

その自己について、アルネ・ネスはさらにつぎのようにも説いている。

「生きるのだ、そして生かしてやるのだ (live and let live)」という格率が提示しているのは、生態系全体における階級なき社会、言い換えれば人間についてだけでなく、動植物や景観についても正義を語りうる民主社会である。ここでは、すべてのものの相互関係性の強調と、私たちの自我は断片であって、それだけで孤立させうる部分ではないという主張が前提となっている。私たちが自我として全体の内部において有している力と位置はきわめて限られているが、それは私たちの潜在的能力の展開には十分で、私たちの自我の潜在的能力よりもはるかに包括的なものである。したがって、私たちは自我以上のものであり、断片ではない。どう見ても小さくて無力であるとは言えない。より大いなる全体と一体化し、私たちはこの全体の創造と維持に参与する。それによって私たちはその偉大さに与《あず》かる。充足の新たな次元が開示される。自我は私たちの一体化の過程の広がりと深みに応じて、ますます偉大な次元を有する自己へと発達する。(『何か』、二七六〜二七七頁)

このとき、Selfとしての自己は、おのずから、その全体の利益をもたらすように働くと見るのである。

ネスは、このように、自己のあり方・存在の構造を掘り下げるなかで、おのずから愛他の実践を展望したことが知られる。その見方は、かなり仏教の世界観と親しいものと言ってよいと私は思う。何もことさら異を唱える必要もないであろう。細部を論じれば、問題は種種出てくるかもしれない。しかしディープ・エコロジーという、かなりラディカルな立場を、むしろ仏教は以前からきちっとした理論のもとに主張してきたことは、上記に明白であろう。

仏教の可能性

これまで見てきた、唯識・天台などにおいては一様に、自己は世界と切り離せず、かけがえのない個体とそれが置かれる環境との総体が自己であるとの了解が主張されていた。その本当の自覚は、対象的に自己と世界を把握する知のあり方を翻して（回光返照《えこうへんしょう》して）、仏教にいう智慧の実現において、もたらされるであろう。もし世界と自己とが一体であることが真実であり、そのことが自覚されれば、少なくとも根本的に、身心のみを自己と思う立場から対象的に世界を支配し、しかも自己本位に操作し、必要以上に傷つけ、破壊することは、慎むであろう。世界自身の自己実現をもっぱら追求することであろう。

残念ながら、今日、このような見方は、社会から失われているのが実情である。しかし、その思想が深い真実をふくんでいて、今日に重要な意味を有しているなら、鋭意、吟味検討し、今日の時代にふさわしく鍛え直し、ふたたび世に訴えていくべきではなかろうか。

その意味で、仏教の世界観をあらためて掘り起こし、さらに展開していくことは、今日の一つの大きな課題だと思うのである。

第五章　絶対者について——絶対無の宗教哲学

ポスト・モダンのなかの絶対者

絶対という言葉がある。日常でも、そんなことは絶対にない、とかいったりする。しかし我々の世界に絶対ということは本当にあるのだろうか。たぶんないのではなかろうか。思いもかけないまれな事態というものも、しばしば起きたりするものだ。もっとも、絶対ということは絶対にない、とはいえないかもしれないけれども。

今、我々が生きているこの時代では、もはやニーチェの言った「神は死んだ」ということが、ほぼ常識の時代なのであろう。ポスト・モダンの時代というのは、絶対者がなくなってしまった時代のことだという。すべての価値は相対化され、多元化して、ただ多種多様な価値の戯れの時代になってしまった。我々はそのくりかえし反復してやまない大波小波のなかで、思想のサーフィンに興じるほかないのかもしれない。絶対なんてくそくらえというところか。

けれども、宗教の世界では、絶対者という存在がしばしば語られてきた。神とか仏とか、霊性（スピリチュアリティ）などなど。では、宗教における本当の絶対者とは、どのような存在と考えられるべきなのであろうか。それにはなんらかの意味や確かさはあるのだろうか。こういう問題を考察していくのは、宗教哲学の世界である。ちょっと時代にあらがって、もう一度その辺を見直してみようと思う。

実際問題として、宗教における絶対者には、人格を持つものと非人格のものとがある。神様というのは人格的だが、宇宙の原理（ブラフマン、ダルマなど）を根本として崇める場合もあったりして、それは非人格的である。唯一の人格神を立てる宗教は、排他主義に向かいやすいのは当然であろう。人格を持った絶対者、とりわけ一神教の神は、ひとえに自己への信仰を要請する場合が多く、時に我々人間の罪や悪を厳しく裁く存在となりかねない。もちろん、一神教の神は問題で、多神教の神々のほうが優れているというような、そんな単純な問題ではありえないにちがいない。たしかに多神教には今日の多元化した社会に見合うものがあるかもしれないが、やはり多神教の相対的な存在ではなく、真の絶対者とはどのような存在かを、どこまでも究明してみなければなるまい。

ヒックの宗教多元主義

今日のように地球が一つになってくると、さまざまな宗教がそれぞれ自分の宗教こそ唯一絶対に正しいと主張することは、通用しなくなってきた。

この時代に、宗教をどう考えるかの一つの道として、宗教多元主義を主張した人にジョン・ヒック（一九二二〜）という人がいる。どの宗教も、人びとを生き生きと生きさせる宗教なら、正しいといってよいというのである。実際、多くの人びとに人生の意味を教え、支えているすばらしい宗教はいくらもあるであろう。でも、それらはみんな正しいとは、どのように考えればいえるのであろうか。このとき、ヒックの宗教多元主義においては、唯一の神的実在というものが想定されて、種種の宗教はそれに対する時代的・風土的制約をともなったそれぞれの応答にほかならないという。だから、それぞれが唯一の神的実在の一側面をとらえており、その限り正しいというわけである。こうして、実際に対話をさかんにおこなって、宗教間の相互理解をもたらそうとしたのである。

このヒックは元来キリスト教の牧師・神学者なのであり、したがってキリスト教のなかから出てしかもキリスト教の唯一絶対性を解体していこうとしたのだから、じつに勇敢である。その点は大いに敬服すべきものがあると思う。

それにしてもさまざまな宗教には、人格神を立てる宗教と立てない宗教とがあるわけで、ではヒックの理論に立つとき、もともと唯一の神的実在として考えられるものが、どうして諸宗教によって人格的であったり、非人格的であったり、異なってくるのであろうか、という問題が出てくる。このことについてヒックは、同じ一つの光が、粒子として観測されたり波動として観測されたりするように、人格的・非人格的の両者は相補的なのだとして、あくまでも唯一の、人間の経験を超えた神的実在が存在しているのだとした。というのも、唯一でなければ、絶対とはいえないことにもなりかねないからである（なお、ヒックの宗教多元主義については、間瀬啓允『現代の宗教哲学』勁草書房、一九九三年、その他間瀬啓允の種々の著作を参照されたい）。

釈尊の覚り

さて、それでは、仏教における絶対者とは、人格的というべきであろうか、非人格的というべきであろうか。いったいどちらと見られるべきであろうか。

さまざまな宗教のなか、仏教は基本的に、普遍的な真理であるダルマ（法）を覚ることが救いであると考えられていて、人格的な絶対者は立てられていないと見なされている場合がある。小乗仏教しか知らないと、しばしばそういう理解に傾きがちである。たしかに釈尊の覚りと関連して、「比丘《びく》たちよ、これが諸法についてのきまりである。如来たちが出現しても、出現しなくても、この基本（dhātu 界）は決まっている。それは法として確立しており、法として決定している。それはすなわち、『これに縁《よ》ること』である」といわれたりしている（高崎直道『仏教入門』東京大学出版会、一九八三年、九二頁）。多くの人びとが仏教は非人格的宗教であると説く時、この「縁起の理法」（関係性の真理）を覚ることが、仏教徒の究極の目的であると考えている（なお、「これに縁ること」の第一義は、十二縁起のことである。『四衆経』など)。

このことと関連して、釈尊の覚りは、しばしば縁起であったと言われている。しかし、『律蔵』(パーリ文)の「仏伝」を読むとき、じつは菩提樹のもと、まず一週間、解脱の楽しみを味わって、それから十二縁起の関係を観察したとある。「そのとき世尊は菩提樹のもとにおいて、七日のあいだずっと足を組んだままで、解脱の楽しみを享《う》けつつ、坐しておられた。ときに世尊は、その夜の最初の部分において縁起の〔理法〕を順逆の順序に従ってよく考えられた」とあるのである(中村元選集〔決定版〕第十一巻、『ゴータマ・ブッダI』春秋社、一九八五年、三九三頁)。ということは、まず最初にすでに解脱したという自覚がもたらされたのであり、まさにそのところに、縁起の了解以前の直覚的な覚りがあったということではないであろうか。

別の資料、『マッジマニカーヤ』の『聖求経《しょうぐ》』には、「修行僧らよ。かくしてわたくしはみずから生ずるたちのものでありながら、生ずることがらのうちに患いを見て、不生なる無上の安穏・安らぎ(ニルヴァーナ)を求めて、不生なる無上の安穏・安らぎを得た。みずから、老いるもの・病むもの・死ぬもの・憂うるもの・汚れたものであるのに、老いるもの・病むもの・死ぬもの・憂うるもの・汚れたもののうちに患いのあることを知って、不老・不病・不死・不憂・不汚なる無上の安穏・安らぎを求めて、不老・不病・不死・不憂・不汚なる無上の安穏・安らぎを得た。そうして、われに知と見とが生じた、――『わが解脱は不動である。これは最後の生存である。もはや再び生存することはない』と」とある（前掲書、四〇三～四〇四頁）。これによれば、縁起は根本の覚りとは必ずしも関係はなく、要は不生・不死の世界を体得したことが釈尊の最初の覚りであったというべきだろう。

人格的な絶対者

しかし、仏教と一口に言っても、仏教はけっして釈尊の仏教（原始仏教・根本仏教）や小乗仏教のみではないわけで、大乗仏教もあれば、密教もある。一般に仏教は、原始仏教・部派仏教・大乗仏教・密教と分類されるが、日本人にとってもっとも親しい仏教は、大乗仏教ないし密教であろう。密教は、大乗仏教の世界観をかなりうけついでおり、ほぼ大乗仏教の延長上にあるものである。大乗仏教では、縁起の世界の本性として、真如・法性というような真理を説く。このことは、今までも何回かふれてきたかと思う。

今、釈尊の覚りは、不生・不死の世界の体得であったという見方を示してみたが、まさに大乗仏教の八宗の祖師とも言われる龍樹は、『中論』冒頭の「帰敬偈《ききょうげ》」において、「八不」（不生・不滅、不常・不断、不一・不異、不来・不出）の、「戯論寂滅《けろんじゃくめつ》」の縁起を最高の真理とみなす立場を表明している。この句の解釈にはさまざまな仕方があるであろうが、少なくとも単なる縁起を超えた、勝義諦のありかを示したものと見てまちがいないであろう。

ちなみに、唯識説によれば、菩薩の最初の覚り（見道）においては、単に縁起の理法（関係性という真理）のみを見るのではない。むしろまず無分別智において真如・法性を覚って、そのうえでさらに後得智《ごとくち》によって縁起の実相を覚るのである。

覚りの智においては、対象的に世界を縁起と見るのではなく、自己そのものもそこに組み入れられたあり方で縁起を見るのであり、同時に自他平等の本性をも洞察する。その自他平等の本性は、空性でもあり、それをまた、真如とも法性ともいうのであった。徹底してその自他平等の本性を体証するから、大智はそのまま大悲となり、自利・利他のはたらき、自覚・覚他のはたらきそのものとなる。そこに、その個の人格が完成することになるのである。

つまり大乗仏教の見方では、法の覚りは人格と関係がないわけではなく、法の覚りはおのずから人格へと現成《げんじょう》するのである。覚は、自覚であるとともに覚他となり、自利・利他の主体となる。このように見れば、仏教は全体に非人格的宗教なのではなく、かりにひとえに覚の宗教として法の覚醒の実現をめざすものだとしても、やはりどこまでも人格性をめぐっての宗教であるということになる。

さらに大乗仏教では、人格性のある仏という存在にかんして、永遠の命を有するような仏をも説く。その仏は、智慧を完成していると同時に、無限の慈悲を有する存在として描かれている。大乗仏教では、自ら修行して究極の真理である真如・法性を覚るというように自ら救われる道だけでなく、すでに仏となった存在の慈悲のはたらきを信仰して救われる道さえもある。日本の民衆をひろくとらえている仏教は、むしろ慈悲深い仏への信仰であり、そこでは、いわば絶対者はまさしく人格的である。この方面に着目するとき、単純に、仏教は絶対者を非人格的に考えているとは言いきれないことになる。

阿弥陀仏とは

今、民衆が信仰している人格的な仏がいると述べたが、そうした仏には、たとえば阿弥陀仏という名前の仏がいることは、よく知られていよう。その仏の名前、阿弥陀は、無量寿・無量光を意味する。そのいわば永遠の時間・無限の空間という意味の名前は、いかにも絶対者を表わしているかのようである。

しかしながらこの仏はもと、ごくふつうの一人の国王であった。はるか昔のことであるが、世自在王仏という仏がこの世にお出ましになったのに出会い、自分もそのような仏になりたいと発心し、四十八の本願（修行のはじめに立てる誓願）を立て、測りしれない長遠の修行を経て成仏を果たし、西方に極楽浄土を完成した。その成仏はすでに十劫《じっこう》の昔に起こった出来事だという。以来、未来永劫、人びとを救済してやまない存在なのだというのである。その成仏においては、当然、彼の本願が成就されたはずである。その本願の内容は、簡単に言えば、どんな人びとをも仏という存在にならしめるということである。そのことが、人びとにとっての苦しみからの真の解放、救済になるからである。その具体的な実現は、みずから建立した仏国土＝極楽浄土に人びとをひきとることによってであった。極楽浄土に往って生まれることが、往生ということである。

『法華経』の核心

一方、仏教の開祖・釈尊は、大乗仏教の代表的な経典である『法華経』においては、なんと久遠実成《くおんじつじょう》の釈迦牟尼《むに》仏として描かれている。

「如来寿量品《じゅりょうほん》」に、「諸《もろもろ》の衆生には、種種の性、種種の欲、種種の行、種種の憶想《おもい》・分別あるをもっての故に、諸の善根を生ぜしめんと欲して、若干《そこばく》の因縁・譬喩《ひゆ》・言辞《ごんじ》をもって、種種に法を説きて、作《な》すべき所の仏事を未だ曾《かつ》て暫くも廃せざるなり。かくの如く、われは、成仏してより已来《このかた》、甚大《はなはだ》久遠なり。寿命は無量阿僧祇劫《あそうぎこう》にして、常に住して滅せざるなり」（坂本幸男・岩本裕訳注『法華経』下、岩波文庫、一九六七年、一八頁）とある。

つまりこの仏は、久遠の昔に成仏して（久遠実成）以来、ひとときも休まずに人びとの救済の活動をおこなってきた仏であり、もちろん今後も救済しつづけるであろう仏なのだ。この仏もまた大悲の存在なのである。

一般に『法華経』の主題は、一乗思想・久遠実成の仏・菩薩の使命の三つが言われるのだが、その一乗思想、つまり一切の人には仏となる可能性があり、仏となれるという思想の意味も、単にそのことだけではないと思う。むしろ仏は、どんなに方便を尽くしてでも、一切衆生を救いとるのだという、その仏の広大な大悲を明かすことこそが『法華経』の一乗思想の核心であると私は思う。このことは、有名な「三車火宅の喩」（「譬喩品」）、「長者窮子《ぐうじ》の喩」（「信解品《しんげほん》」）などにおいて『法華経』のなか、くりかえし説かれている。

たとえば、「長者窮子の喩」においては、仏を意味すべき長者は、じつに辛抱強く、家出し放浪していた実子を導くのだし、そのためには、自らの尊容・威厳をかなぐり捨てて、塵・汚れにまみれても接化することが説かれている。「また、他日をもって、窓牖《まど》の中より遥かに子の身を見れば、羸痩《つかれやせ》、憔悴《やつれ》て、糞土・塵坌《ちり》にて汙穢《けが》され不浄なり。即ち瓔珞《ようらく》と細軟《なよらか》なる上服と厳飾《ごんじき》の具とを脱ぎて、更に麤弊垢膩《やぶれあかじみ》たる衣を著《き》、塵土に身を坌《けが》し、右手に除糞の器を執持《しゅうじ》して、畏るる所有るに状《かた》どりて、諸の作人《さにん》に語る『汝等よ、勤作《ごんさ》して懈息《けそく》することを得ること勿《なか》れ』と。方便をもっての故に、その子に近づくことを得たり」などとある（『法華経』上、岩波文庫、一九六二年、二三二頁）。もちろん長者は仏、窮子は我々衆生のことである。

じつにキリスト教にも似て、『法華経』にはいわゆるケノーシス（自らへりくだる神）の仏さえもが説かれていたりするのである。『法華経』の仏は、そのように徹頭徹尾、大悲の仏なのであり、この視点からもう一度、『法華経』の精神をよみがえらせる必要があるのではなかろうか。

ちなみに、有名な「如来寿量品」の「自我偈《じがげ》」（「自我得仏来」よりはじまる偈）においては、この仏について、「わが智力はかくの如し、慧光の照らすこと無量にして、寿命の無数劫なるは、久しく業を修して得たる所なり」（『法華経』下、三四頁）と説いている。無量の光と無数劫の寿命とあるのであって、まさに阿弥陀仏と同じ内容を持っていることになろう。

三世十方多仏説

大乗仏教においては、そのほかに、『華厳経』の毘盧舎那《びるしゃな》仏もいれば、民衆に親しまれている薬師《やくし》如来（如来も仏も同じ存在である）もいる。毘盧舎那仏も薬師如来も、自らの本願を成就した存在であり、すなわち人びとの救済の業を実現した存在である。こうして、大乗仏教では、仏という、信仰の対象としての人格的存在を語りつつ、しかしながらじつはその存在は唯一の絶対者ではない。大乗仏教は、三世十方に、多数の仏がいるというからである。

このように個々の仏がたくさんいるとする背景には、一つのいのち、個というものが、無始より無終まで相続されて存在するという見方がある。すなわち、世界には無数の個が存在していて、いまだ修行に入っていない者は、凡夫であり、だいたいは六道輪廻をくりかえしている。しかし大乗仏教の道を歩むことをはじめた者は菩薩であり、生死を重ねつつ修行している。そして修行を完成した者が、仏である、というわけである。凡夫と仏のちがいは、その人の心が、無明・煩悩に覆われているか、すっかり智慧に変わっているかである。

唯識説の説明によると、個々の人間は、阿頼耶識をふくむ八識から成立しているのであった。根本識とも言われる阿頼耶識は、無始より無終に、刹那滅(刹那刹那、生じては滅し、生じては滅し、する)ながら、一瞬のすき間もなく相続されるという。その基盤の上に、七転識も起きてくる。その八識のなかに、色・音・香りなど、あるいは言語や観念など、世界の全体が現じている。その八識が、修行を通して、大円鏡智・平等性智・妙観察智・成所作智の四智となった存在が仏なのである。阿頼耶識は大円鏡智に、末那識は平等性智に、意識は妙観察智に、五感の眼識・耳識・鼻識・舌識・身識は成所作智に転じるという。仏は、その四智において、未来永劫はたらくことになるのである。

したがって仏教の仏は、けっしてただ一つとは考えられていない。過去に仏となった多くの個もあるし、未来に仏になるであろう多くの個もあるし、現に仏となりつつある多くの個もあるということになるのである。

三身としての仏

というわけで、大乗仏教とは、信徒あるいは修行者の一人一人が、信仰や修行を通じて、最終的に仏となる道なのであり、それゆえじつに三世・十方に多数の仏が存在しているというコスモロジーを描いている。浄土宗や浄土真宗のような浄土教にあっても、ただ阿弥陀仏の極楽浄土へ往生することが信者の最終目的なのではなく、やはり自身、仏となることがその人の最終目的なのである。親鸞は、「弥陀の本願信ずべし、本願信ずる人はみな、摂取不捨の利益にて、無上覚をばさとるなり」と歌っている。『歎異抄《たんにしょう》』によれば、親鸞は「浄土の慈悲といふは、念仏して、いそぎ仏に成りて、大慈大悲心をもつて、おもふがごとく衆生を利益するをいふべきなり」と語ったともいうほどである。なお、浄土真宗では、往生即成仏、つまり極楽に往生することはそのまま仏となることにほかならないと説く。ともかく信仰の道とも思われる浄土教もまた、自ら仏となる道なのである。

このような世界観に立てば、大乗仏教においては、唯一ではなく、むしろ多くの存在ではあるものの、人格的存在がかなり重要な意味を有していることを見ないわけにはいかないであろう。

この仏という存在は、大乗仏教においては、よく三つの観点からとらえられている。すなわち、法身《ほっしん》・報身《ほうじん》・化身《けしん》の、いわゆる三身論の仏身論である。あるいはまた順に、自性身《じしょうしん》・受用身《じゅゆうしん》・変化身《へんげしん》ともいう。そのなかで、報身は智慧そのものにおいて仏をとらえたものであり、化身はその智慧のはたらきにおいて我々凡夫の心中に成立した影像のようなものである。さらに仏身として、法身というものも考えられていた。それは、かのあらゆる事物の本性としての真如・法性にもほかならず、それはまた空性にもほかならない。それを仏身論でみたときに、法身というまでである。ゆえにこの法身は、あらゆる存在にゆきわたっている普遍の存在である。究極の普遍そのものなのである。このとき、法身が究極・絶対のように思われるかもしれないが、しかもそれはけっして報身（四智のはたらき・個）を離れてあるものではありえない。むしろ仏の本質は、智慧としての報身にあることを思うべきであろう。

大乗仏教のコスモロジー

そうだとして、大乗仏教の世界観においては、無数の個が存在しているわけだが、ここでもう一度確認しておくと、個の内容は、いわゆる身体と心のみと見るべきではなかった。華厳宗には、三世間融合の十身仏という存在も語られていた（一二五頁参照）。また、八識からなるという凡夫の、その阿頼耶識のなかには、身体（有根身）と物質的環境（器世間）とが維持されているということであった（一二〇頁参照）。

つまり、身体と精神活動と環境との全体が、一箇の個として考えられるのである。我々は人間世界という環境に住み、一方、仏は自ら完成した仏国土＝浄土に住んでいる。その国土をもふくむ全体が、一つの個と見るべきだった。三身論においても、法身に対して法《ほう》性土《しょうど》、報身に対して報土、化身に対しては化土が設定されている。このなかで、法性土は、やはり真如・法性であり、じつは法身と変わるものではないという。具体的な真実の仏国土は、報土であり、そこに仏の身心は住んでいるのであろう。要は、一個の人間とは、単に身心（正報）のみでなく、環境（依報）をもふくんだその全体なのであり、言い換えれば、身体を焦点に、主体と環境とが交流・交渉する、その総体が一つの個なのである。このことは、前にも何回か言ったかと思う。

しかもその個の全体は、身心も国土世界も現象世界（有為法）として、諸法の縁起の世界にほかならない。唯識説によれば、個は、心王・心所（詳しくは心所有法）の複合体の、刹那滅の流れということになる。個そのものが、諸法の縁起的複合体なのであり、一個の実体的存在ではありえない。この点では、仏となった存在も、有為法である四智の複合体として、変わらないであろう。縁起の世界では、自分で自分を支える存在はない。つまり実体的存在はない。縁起の存在は無自性であり、およそ縁起の存在はこの無自性というあり方、無自性性に貫かれている。その無自性性が空性でもあり、これをまた法性とも真如とも言う。法身・法性土は、仏身論・仏土論において、これをとりあげたものなのである。

こうして、諸法（現象）と法性・真如（いわば実在）、縁起と空性とは、区別されつつ一つである。ある個の総体である身心と環境（一つの世界）は、縁起の現象であるとともに、真如・法性とも一つというべきなのである。仏にしても、仏としての身心とその仏国土の全体は現象であり、その本質は空性＝真如＝法性であるということである。

おのおの個はそれ自体、諸法の縁起的複合体であると同時に、もちろんその個は、他の個とも関係して成立していよう。つまり自他のあいだにおいても、縁起的関係が成立していよう。ある一つの個内における縁起を、即自的縁起というなら、自他間における縁起を、対他的縁起と呼べるかと思う。縁起は、そのように自己内部および自他間にくまなく存在しており、それゆえ、その縁起における無自性性＝空性＝法性＝真如は、一切の自他を貫いている。真如・法性は、宇宙の一切を貫く究極の普遍なのである。

相対と絶対は一つ

さて、こうしたコスモロジーにおいて、では、その真如・法性の最高の普遍を、仏教における絶対者とみなすべきであろうか。仏身論でいえば、法身＝法性土に絶対者を見るべきであろうか。しかしその普遍的な空性・真如・法性は、すでにくりかえし述べたように、単独にそれだけで存在しているわけではない。現象としての個々と別に、独立に存在しているものではないのである。空性は、あくまでも現象の本性なのであり、現象を離れてあるわけではない。まさに「色即是空・空即是色」である。あえて言えば、現象と実在（ただし空性）は一つであり、つまり相対と絶対は一つである、ということになる。仏教においては、諸法を離れた単なる法性はありえず、単なる超越的な絶対者はありえない。

結局、仏教では、相対を単に超越したような絶対者、あるいは相対に対する絶対者を、真の絶対者とは見ない。絶対といっても、相対に対する絶対者は、まだ相対的な絶対者である。それは真の絶対者とはいえない。だから、真の絶対者は、相対と一体である絶対者である、と見ることになるのである。

この観点からいえば、ヒックの神的実在は、カントの物自体のように、人間の経験世界をまったく超越したもの（単に超越のみのもの）と考えられているのだとしたなら、仏教とはやや異なることになりかねない。じつはその宗教多元主義は、やはり本質的に仏教とは異なる論理を用いているということになってしまうかもしれない。一方カブは、神をシューニャター（空性）として見たほうが、イエスが明かした神に近いのではないかということを述べているが（一四頁参照）、そうだとすると、一切の現象界もまた、神と即非的に同一である（非一・非異である）ということまで語らなければならないのではなかろうか。たしかに最近、自然世界にも神は働いているという見方が出てきているようだが、昔のキリスト教では、神はひたすら超越者だったと思う。なおまた、仏教では覚りという特別の体験において、その本性を直接に体証するはずであり、それは絶対者（唯一の神的実在）がまったく人間の経験を超えたあり方にあるとするものでもない。

というわけで、絶対者というものを、仏教からあえて言えば、無数の個のすべて（一切の現象）を貫く真如とおよびその無数の個との、その全体ということになるのではなかろうか。その全体とは、真如が空性であるがゆえに、事実上、個と個とが相互にはたらきあうその総体ということである。世界には、多くの個が存在していて、そのおのおのが現象世界そのもので、その個々の現象世界が、その普遍的な本性と一つである。その全体がいわば絶対者といえば絶対者なのだと思う。

重重無尽の構造

たとえば、華厳思想における仏の把握は、今の意味の絶対者により近づいているであろう。というのも、前にもいうように、華厳の仏身論においては、十身論（衆生身・国土身・業報身・声聞身・辟支仏身・菩薩身・如来身・智身・法身・虚空身、『華厳経』「十地品」）を立て、その内容は、智正覚世間・器世間・衆生世間の三世間のすべてをふくんでおり、真の仏は、「融三世間十身具足の仏」であるとされていた（一二四頁以下参照）。つまり、ある個の智慧と国土と、さらにそこに住まう生きとし生けるもの（諸仏諸尊をふくむ）の一切が、ある一人の仏の内容であるというのである。その国土は、どこまでも広がっていよう。ゆえにそこに住まう個も無数に広がるであろう。華厳では、仏といっても国土と融合しており、さらに無尽の自他の関係の一切を内容としている。それこそ、絶対者に近いものである。しかしながら、どの個も、同じ内容を、つまり自己の身心と環境と関係する他者（そのすべては真如・法性に貫かれている）のすべてを自己として持っているわけで（自己即世界）、これを絶対者と呼べば、どの個も絶対者であるということになってしまう。自己を中心に見れば、あらゆる他者は自己の内容となるが、他者を中心に見れば、自己は他者の内容にふくまれることになる。主伴《しゅばん》具足・融通自在である。そこにある関係性は、重重無尽である。何かじつに興味深いいのちの構造ではないか。

絶対者の自己否定ということ

華厳思想において興味深いことは、このような無限の関係性について明瞭に指摘するとともに、その成立の基盤に、「真如随縁、不守自性」（真如は縁に随って現象し、自性を守らない）ということがあることを指摘していることである。

法蔵の『探玄記』のある一節（「十地品」第六現前地に十重唯識説を説くなかの、転真成事唯識の説明。一〇七頁参照）には、「如来蔵は、自性を守らず、縁に随い、八識の王（心王）・数（心所）の相（相分）・見（見分）の種（種子）・現（現行）を顕現す」（如来蔵不守自性、随縁顕現、八識王数相見種現。大正新脩大蔵経三五巻、三四七頁上）とある。如来蔵自性清浄心は、真如と異なるものではない。真如・法性は自己を主張せず、むしろ自らを否定することにおいて、縁起の諸法を成立せしめているというのである。空性は、絶えず自らを空化しているというのである。ここに、理事無礙法界から事事無礙法界への道がある。普遍的な本性は、空性であるがゆえに、自らを否定し尽くして、ただ無尽の関係性の現象世界だけが残る。そこでは、無数の個が関係しつつおのおのの個が主でありえ、かつ他の伴となって世界を構成している。その総体が、絶対者といえば絶対者であろう。

この世界観は、あの西田幾多郎の説くところときわめて近いと思う。「真如不守自性、随縁作種種法」というこの考え方は、西田が、「絶対者は自ら自己を絶対に否定して、相対に翻る」（「場所的論理と宗教的世界観」）と説いていることに通じている。たとえば西田は、「かゝる絶対者の自己否定に於て、我々の自己の世界、人間の世界が成立するのである。かゝる絶対否定即肯定と云ふことが、神の創造と云ふことである。故に私は仏教的に仏あつて衆生あり、衆生あつて仏あると云ふ。絶対に対する相対と云ふことは、上にも云つた如く、単に不完全といふことではなくして、否定の意義を有つてゐなければならない。神と人間との関係は、人間の方から云へば、億劫相別、而須臾不離、尽日相対、而刹那不対、此理人々有之といふ大燈国師の語が両者の矛盾的自己同一的関係を云ひ表して居ると思ふ。否定即肯定の絶対矛盾的自己同一の世界は、何処までも逆限定の世界、逆対応の世界でなければならない。神と人間との対立は、何処までも逆対応的であるのである」（「場所的論理と宗教的世界観」『西田幾多郎全集』第十巻、三二四〜三二五頁）などと説いている。さらに西田は、自己の根本がこのような仕方で無底であるが故に、絶対自由の個が成立するのだと説いている。その成立は、むしろ絶対者の自己を否定してまで人を人たらしめる愛にもとづくとも説くのである。

個は個に対して個であること

しかも、事事無礙の重重無尽の関係のなかにある個（個人）は、西田のいう「個は個に対して個である」のテーゼに照応している。ここに、唯一のかけがえのない個（人）は、じつは他者との関係に入ることなしにありえない（個は唯一では成立しない）という矛盾的事態が、個の実相であることが明かされている。

西田は、「……私は之に対し、古来哲学に於て、個体概念の自己矛盾について深く考へられてゐないと考へるものである。考へられてゐても、未だそこから新なる論理が構成せられてゐない。個は個に対することによつて個である。それは矛盾である。併《しか》しかゝる矛盾的対立によつてのみ、個と個とが互に個であるのである。而してそれは矛盾的自己同一によつてと云はざるを得ない。何となれば、それは絶対否定を媒介として相対すると云ふことである。個と個とが、各自に自己自身を維持するかぎり、相対するとは云はない。従つてそれは個ではない。単なる個は何物でもない。絶対否定を通して相関係する所に、絶対否定即肯定として、矛盾即同一的なる、矛盾的自己同一が根柢とならなければならない。それは絶対無の自己限定と云つてもよい。……」（「予定調和を手引として宗教哲学へ」『西田幾多郎全集』第十巻、九二頁）と説いている。そのように、個は他と関係しないかぎり、意味を持たない。しかしそこに絶対否定の媒介なしに各個の根本的自由はありえない。絶対無の基盤においてしかも関係しあうところに、真の個が成立するというのである。

その個は、他のあらゆる個に対しつつ関係し合いはたらきあって、世界を形成していくであろう。歴史創造の主体になるであろう。

それはともかく、この西田の、絶対者は自らを絶対否定してこそ絶対者だ、という思想、「無の絶対者」の思想は、宗教哲学上、画期的なことではないかと私は思っている。古来、世界に君臨する絶対者が多く語られるなかで、西田はむしろ、自らへりくだり人に仕え尽くす絶対者というものをもっぱら語ったのである。ここには、絶対者の本質は、絶対無であると同時に、真実の愛であり、慈悲であるという深い省察がある。絶対者が自らを否定するその愛において、我々の個が成立していることを、鋭く指摘したのである。ちなみに、かの「場所的論理と宗教的世界観」は、西田の最晩年の論文だが、禅とキリスト教と真宗の極意を深く自己のものとして、そこから独自の宗教哲学を打ちだしたものである。

誰もが成仏する世界

というわけで、ここへくるまでだいぶ手間取ったところもあったが、以上のようであれば、仏教は絶対者を人格的とばかり見るのでもないし、非人格的とばかり見るのでもないというべきであろう。それは一神教ではないし、かといって諸仏を説くとしても、普遍的な本性を説かないような単なる多神教でもない。また、神々のヒエラルキーを堅持していて、すべては唯一の最高神に帰するような多神教でもない。

浄土教の阿弥陀仏は、信者にとっては、唯一絶対のようであっても、大乗仏教全体のコスモロジーからすれば、やはり多仏のなかの一仏にほかならない。

じつは密教は、あたかも唯一最高の神のような大日如来を語り、他の阿弥陀仏などの四仏をその大日如来自身の徳性を表わすものと説いている。実際、曼荼羅においても、そのように表現されている。しかし密教の教理によれば、誰もが個々、三密《さんみつ》加持《かじ》（身に印を結び、口に真言を唱え、心に三昧に住して、大日如来の身・口《く》・意の三密と合一する）などを通して大日如来と成就していくのだと私は思う。このとき、唯一の大日如来に、多くの個が融合してしまうのであろうか。

インド哲学においては、アートマンとブラフマンの関係において、このことが問題とされ、深く議論されたようなのだが、その行方について詳しいことを知らない。私見によれば、密教において、即身成仏し、大日如来と一体となるということは、結局、個々がそれぞれ大日如来として実現するのだと思う。その場合、結局は多数の大日如来が存在しうると考えられることになる。無限の半径の円においては、中心がいたるところにあることになるが、個々の大日如来がしかもそれぞれたしかに中心なのである。このとき、密教といえども、普遍的な本性（空性）のもとに多くの個的存在が成立しているという構造に変わりはないというべきであろう。

参考までに、浄土教において、我々が阿弥陀仏の本願力によって仏とならしめていただくということは、浄土に往生することにおいて、個々が普遍的な無量光に融けこむということではけっしてなく、やはり個々のおのおのが仏となる（無上覚を覚る）ということだと思う。だからこそ、還相（浄土から娑婆に還って救済の活動をおこなう）もまたはじまるのであろう。前の『歎異抄』の言葉（一六〇頁）を、思いだしてみてほしい。

寛容の理由

こうして仏教においては、絶対者という存在は、まったく超越的に、我々とは別に存在しているものとはならなかった。少なくとも相対即絶対・絶対即相対のなかに絶対を見出しているし、それが可能となるのは一般に絶対と考えられるものが、空性であり、不守自性（自性を守らず）であり、その意味で無、絶対無であったからであった。

ところが一般に、仏教は非人格的な絶対者（真理としてのダルマ）を語り、それゆえに比較的寛容な宗教であると考えられてきているのではないだろうか。仏教の全体像をあまり知らない西洋では、そのような見方もけっこう有力に存在しているのが実情である。

しかし特に大乗仏教に着目した場合、事実はこれまで見たように、絶対者に相当するものは、一方でどこまでも人格的存在を抜きにしては考えられないものなのである。たとえば浄土真宗のように、時には唯一の人格的な絶対者を立てて、その信仰のみに生きる場合さえ、ありうるのだ。しかし、そうだとしても、なお仏教は、比較的寛容な特質を持っていると考えられよう。では、それは、上述のような世界観をふまえ、どのような要因によると分析できるであろうか。

第一に、やはり個的存在として唯一絶対の存在は、考えられていないということがあると思う。そこでは、元来、どの個も、本質的に平等の価値を有しているのであり、その多個の間に、支配―被支配という関係はないはずである。個は、いわば無限の半径の円における中心のような存在なのである。どの個も、中心そのものなのである。この世界が無限の半径を持つ円に喩えられうるのは、究極の普遍が空性として考えられているからである。

第二に、その普遍的本性が空性、無自性性を本質としているので、唯一絶対の存在というものが強調されることはない。この結果、普遍的本性が超越的存在として考えられておらず、むしろ現象世界のただなかに見出されてくるので、現象世界が単純に否定されるべき存在とはならず、ゆえに超越的価値に対する服従を強いられるということがない。しかもその普遍的本性は対象的に立てられるべきものではなく、個々人に即して、個々人の主体の脚下に見出されるべきものであって、その意味でも無なるものと見るべきことになる。じつをいえば、この世の一切の現象が、真如・法性の随縁したものにほかならない。いわば、普遍的本性は空性として自らを否定し尽くして、現象世界に成り尽くすのである。どんなきたないものにも、どんな悪なるものにも降り立つのである。そこに、無限の慈悲の世界、無限の愛の世界がある。

第三に、個的存在が、個に閉じられておらず、普遍的本性を通じて他の個と平等一体であり、かつ他の個と関係しあっていて、その個のあり方の自覚から、おのずから他者への愛が主題となっている。仏の大智は即、大悲であり、菩薩の実践もひたすら他者への奉仕なのである。そこに、他者への高圧的な攻撃性というものが、おのずから成立しないことになる。じつは仏教では母性の登場・表現は意外と少なく、むしろ仏はしばしば父によって語られている。阿弥陀仏も国王であった。お母さんではなかった。しかし仏教に出てくる父は、つねに慈愛に満ちた存在である。

また、菩薩道は、布施よりはじまり、忍辱《にんにく》をもふくむ六波羅蜜《ろっぱらみつ》（布施・持戒・忍辱・精進・禅定・智慧）が基本であり、まさに他者への愛の実践からはじまるのである。このとき、本来的な他者への関わり方にかんしては、たとえば『法華経』「法師品《ほっしほん》」に、「この善男子、善女人は、如来の室に入り、如来の衣を著《き》、如来の座に坐して、しかしてすなわち、応《まさ》に四衆のために、広くこの経を説くべし。如来の室とは、一切衆生の中の大慈悲心、これなり。如来の衣とは、柔和忍辱《にんにく》の心、これなり。如来の座とは、一切法の空、これなり。この中に安住して、然して後に、懈怠ならざる心をもって、諸の菩薩及び四衆のために、広くこの法華経を説くべし」とある（『法華経』中、岩波文庫、一九六四年、一五八頁）。菩薩の道は、一切法空を根底として、それゆえにこそ本来、柔和・忍辱の慈悲の道なのである。それも、自他平等性と関係性が明らかに見えているからであろう。

このように、仏教の見る世界の実相から、寛容の精神はおのずから成立していると言えるのではないだろうか。

宗教・宗門間対話を

以上、大乗仏教を中心に、絶対者のあり方を尋ねつつ、いくつかの問題を考察してみた。そこには、単なる人格的絶対者も、単なる非人格的絶対者も説かれているわけでなく、独特の世界観が示されていた。しかし独特とはいえ、哲学的に、現象と実在の関係や、個的存在への観点など、優れたものを有しているといえるであろう。それは、絶対無の哲学に親しいが、このことが私は超モダンであると思う。

この大乗仏教の立場を、特定の術語にとどめることなく、宗教哲学的に再解釈し、他の宗教における絶対者のあり方と対話を深めていくことは、今日のグローバルにも地域的にも多元化した情況において、きわめて大切だと思う。仏教とキリスト教などの宗教間対話もけっこうさかんにおこなわれてはいるけれども、簡単に一致点を見出すのではなく、さらに宗教哲学的に詳細な究明が必要だろう。

と同時に、私は日本にあっては、仏教内部における宗門間対話が、より必要なのではないかと考えている。というのも、日本の仏教は他宗教に対して非常に寛容であると考えられているが、じつは浄土真宗は自己の立場の宗教のみを真実と考え、他の宗教は仮か邪かであるとする面もある。一方、法華宗(日蓮宗)は、やはり自己の宗教のみ真実と考え、他の宗教を非難することもある。本当は、ぬきさしならない対立が、仏教、特に日本仏教にはないわけではないのである。この状況の克服に、我々は取り組まなくてよいであろうか。日本の寛容性は、単に他者への無関心と当面の軋轢《あつれき》の回避にすぎないのであろうか。

仏教とキリスト教の対話は、キリスト教の自己解体さえ厭《いと》わないあり方のなかで進んできたのが実情である。仏教側もまた、それと同等の真剣な努力が必要であると思わずにはいられないのである。

第六章　関係について――その無限構造の論理

関係が成立しうる基盤

西洋の思想の基本は、おおむね実体論的立場であったろう。実体というのは、自ら自らの存在を支えるものであり、常住不変のもののことである。西洋の立場では、プラトンのようにイデアを実体として見るか、デカルトのように精神と物質を実体と見るか、あるいは自然科学のように原子を実体と見るか、何を実体と見るかにちがいはあっても、ほぼ世界の根本に常住の実体があるという見方だったといえるかと思う。

しかし今日、イデアのような形而上学的実体の存在は疑われ、否定され、あるいは原子もそのさらに究極の果てには何も実体的存在は見出されないなど、もはや実体論はあらゆる方面で崩壊しているといわざるをえない。加えて、要素還元主義に立つ科学と、それにもとづく技術が、環境汚染、環境破壊をもたらしたことから、今日ではむしろ全体性や関係性へのまなざしが要求されてきている。

こうして、今や現代の世界観の主流は実体的存在を否定し、関係論的世界観となっているといえるであろう。

ところが、仏教はとうの昔から、縁起こそが真理だと説き、関係論的立場に立ちつづけてきたのであるから、きわめて先進的であった。じつは当時のインド哲学の大半は、やはり実体論的世界観であった。しかし釈尊は覚りの眼からみて、世界は縁起によって成り立っていると見ていた。いかに釈尊の覚りがたしかなものかが、うかがえるではないか。

しかもその縁起ということ、つまりは関係ということについて、後にはどのようにそのことが成立するか、詳しく究明されていった。今日の世界観は関係主義的になってきていると言われるけれども、では関係するとはどういうことなのか、理論的な究明はなされているであろうか。ただ世界はリゾーム状になっているといっても、その内実はなにも分析されていない。ところが仏教は単に縁起を謳うだけでなく、後に見るように、その構造・論理を詳しく解明しているのである。

実際、関係と一言でいっても、まったく異なるもの同士は関係のしようもないはずだし、かといって同じものはすでに同じなのだからあまり関係するとはいわないであろう。たとえば、同じ赤と赤、青と青は、あまり関係をいっても意味がない。しかし赤と青、黄と黒など、異なる色と色、音と音は、その関係が議論の的になってくる。一方、色と音とは、ふつうは関係しえないだろう。けれども色と音とは、舞台や五感全体の世界など、色も音もともに置かれる同一の場においては、また関係しえてくる。

色と色とは関係しうるとして、しかし同じ青と青とは関係するとはいいにくい。しかし青と黄や赤とは逆に関係しうる。とすると、関係が成立しうる基盤には、なんらかの意味で本性を同じくしつつ、しかも異なっているという構造を見ることができる。ということは、一にして異であるのでなければならない、ということだ。もしそうだとすると、ここには、ふつうの論理では記述できないものがあることが予想される。一口に関係（縁起）といっても、そう簡単ではないようである。

ではいったい、仏教が真理のように語る縁起の、その本質はどういうものなのであろうか。以下、仏教の縁起の哲学を辿ってみよう。

当時の社会体制への批判

まず、縁起（プラティートヤ・サムトパーダ）とは、「縁《よ》りて起こる」ことを意味するのだが、一般にこの縁起の意味は、単なる因果関係のことではなく、原因と諸縁（諸条件）があわさってはじめて結果があるという見方である。因と縁とが合わさって、果があるというあり方。このことは、もう前にふれておいた（四一頁以下参照）。この立場に立つとき、世界の現実は、超越的主宰者によって操作されているのでもないし、あらかじめすべて決定しているという運命（決定論）によるのでもないし、またまったくの偶然によるのでもない、ということになる。必ず因があるのだし、しかしそれに縁もともなわなければ果はない、という見方なのであるから、これは本当にモダンである。

仏教における縁起の思想史を簡単に辿ってみると、この言葉は、現存する最古の仏教文献と言われる『スッタニパータ』には、ただ一箇所、つぎのように出てくる。

「賢者はこのようにこの行為を、あるがままに見る。かれらは縁起を見る者であり、行為(業)とその報いとを熟知している」(中村元訳『ブッダのことば』岩波文庫、一九八四年、一四一頁)。

つまり、行為にはかならずそれにふさわしい果があるということを、縁起と呼んでいる。このことは、人びとの主体的行為が、その人自身のあり方を決定づけていく、けっして生まれによって決定されるのではないということを意味し、すなわち当時の社会体制への根本的な真摯《しんし》な批判ともなっているものである。

仏教では、この行為による果の成立は、この世のことだけではないと考えられている。それは、釈尊の悟りとも深い関係にある十二縁起説に見ることができる。すなわち、つぎの十二項目が縁起をなして、輪廻があるという説である。


無明→行→識→名色《みょうしき》→六処《ろくしょ》→触→受→愛→取→有《う》→生《しょう》→老死

この各項目を説明していると、紙数をとるので省略するが、その概要は、無明が根本にあって、それを背景に行為をおこなうことから業を作り、そのために結局は生死輪廻してやまないというものである。説一切有部はここに、三世の間の二重の因果を読むのだが、そのことについても、ここでは省いておく。

「これあるとき、かれあり」——初期の縁起思想

この十二縁起説を一般化したものが、つぎの定型句である。

これあるとき、かれあり、これ生ずるとき、かれ生ず
これなきとき、かれなし、これ滅するとき、かれ滅す。(『四衆経』など)

この句のいわんとすることも、本来はあくまでも十二縁起という特定の関係性をいうものなのであるが、この表現がなされれば、おのずからあらゆる事象のありようを表現したものと受け止められていくであろう。

その後、どういう道筋だったのか私は必ずしも承知してはいないが、やがて、世界はダルマの縁起によって成立していると考えられてくる。その代表が、説一切有部の縁起思想である。これも前にふれたことだが、説一切有部では、「常・一・主・宰」の我を否定し、

「任持自性、軌生物解」としての法を分析して、五位七十五法（色法・心王・心所有法・心不相応法・無為法）を立てた。これらの諸法は、「三世実有、法体恒有」のものと言われ、そのなか、有為法の作用の縁起によって現象世界を説明する。その縁起における因・縁・果については、六因（能作因・倶有因・同類因・相応因・遍行因・異熟因）・四縁（因縁・等無間縁・所縁縁・増上縁）・五果（士用果・等流果・異熟果・増上果・離繫果）として整理されたのであった。

この六因・四縁・五果の分析は、その後の縁起思想の基本を構成するようになっていく。

意識上と意識下の相互交渉のなかの世界――唯識学派

大乗仏教に入って、瑜伽行派《ゆがぎょう》（唯識学派）の縁起思想を素描すると、つぎのようである。

唯識説では、八識（眼識・耳識・鼻識・舌識・身識・意識・末那識・阿頼耶識）を立てて自己と世界を説明する。と同時に、一方で、五位百法を立てるが、それらのダルマは、ただ心王・心所有法の諸法に帰せられ、その唯心王・心所ということが唯識ということなのでもあった。各識は、刹那滅（刹那刹那生じては滅す）であり、すべて知られるものは識内で、我も法も常住の実体的存在ではないという。この八識が、修行を経て、四智（大円鏡智・平等性智・妙観察智・成所作智）に転じた存在が仏（ブッダ、覚者）である。

眼識～末那識の七識は、七転識《しちてんじき》とも言われ、阿頼耶識のなかに貯蔵されている種子《しゅうじ》から生起する。生起したものは、現行《げんぎょう》と呼ばれるが、それらはただちにその内容を情報化して阿頼耶識に保存せしめる。このことを熏習《くんじゅう》するという。この転識と阿頼耶識とのあいだの相互関係は、種子生現行《しゅうじしょうげんぎょう》・現行熏種子《げんぎょうくんしゅうじ》と表現され、しかもこの両者は、同時におこなわれるというのである。一方、阿頼耶識内の種子は、つぎの刹那に生じる阿頼耶識に伝えられていくという。ここは、種子生種子と表現される。これら、種子生現行・現行熏種子・種子生種子によって、阿頼耶識縁起説が構成されるのである。ちょっと簡略に過ぎるかもしれないが、これが唯識説の縁起思想の概要だ。

要は、意識上と意識下の相互交渉のなかに、我々の生きている世界があるということである。このとき、物とは、同一的感覚の連続的生起に対し、主に言葉を用いて固定的にとらえたものにすぎないということになり、一切の我・法の空が、この仕方で説明されることになる。

この阿頼耶職縁起説は、どちらかといえば、一個のいのち、個の存在における縁起の構造はよく説明しているが、自他間の縁起については、さほど言及されていないのが実情だ。

「無自性の故に空」——中観派

一方、同じ大乗仏教の中観《ちゅうがん》派の縁起説を見てみよう。中観派の拠り所となっている『般若経』の根本思想は、「縁起の故に無自性、無自性の故に空」であるといえる。縁起をなしている以上、他を待ってはじめてありうるものなのだから、自分の本体は持たない。縁起自体はない(無自性)。だから、一切法は空である、とされたわけだ。関係性から、非実体論を導いたのである。

ただし中観派の祖・龍樹の『中論』のはじめに掲げられた「帰敬偈」には、「生じるのでもなく・滅するのでもなく、常住でもなく・断滅でもなく、一でもなく・異でもなく、来るのでもなく・去るのでもない、言葉による分別(戯論《けろん》)が寂滅した、寂静の縁起を説いた仏に、説法する方の最高の方として、帰依したてまつる」とある。ここには、八不中道の、戯論寂滅の縁起とあるけれども、それはもはや関係性というより、関係性の帰結としての勝義諦こそを指摘しようとしているのだろう。関係性を関係性においてでなく、その本質あるいは本性において理解したものだといえばよいであろうか。

重重無尽の縁起――華厳思想

今、関係性はむしろ無自性性(無実体性)に帰着してしまったが、その後、中国・唐の時代に成立した華厳宗では、一即一切・一切即一、一入一切・一切入一といった華麗な縁起を説き、事と事とが無礙《むげ》に融けあう（事事無礙）と言って、重重無尽の縁起を主張した（ここの一とは、個物あるいは個々の事象をいうもので、全体としての一ではないことに注意されたい）。それは、世界がいったんは戯論寂滅に帰して、そのうえでもう一度、関係性によみがえったところで、そこを記述しなおそうとするものだといえよう。ここに仏教のなかでももっとも詳しい縁起の哲学が展開されている。

そこで以下、この華厳宗の哲学を多少、詳しく辿ってみながら、関係性ということの種種の特質について、少し理解を深めることにしてみよう。

関係の構造の分析

華厳宗の代表的な文献に、賢首大師法蔵の著作である『華厳五教章』という書物がある。華厳宗の思想を、非常によくまとめてあるもので、昔はけっこう広く読まれたものである。その『華厳五教章』では、第九章の「義理分斉《ぶんざい》」という箇所に、華厳宗の立場の世界観そのものの解説がある。特にそこに出る、「十玄門」（十玄縁《じゅうげんえん》起《ぎ》無礙《むげ》法門義）と「六相《りくそう》門」（六相円融《えんにゅう》義）に、華厳宗が見ている事事無礙法界の論理が、詳しく解説されている。そこで、ここでは主に、その「十玄門」と「六相門」とによって、関係というものの論理構造の、華厳宗における解明のあり方を学んでおこう。

「十玄門」では、関係を、異体における用《ゆう》・体《たい》の関係、同体における用・体の関係において究明している。そういわれても、これでは何のことかわからんといわれそうなので、もう少し説明しておこう。ここで、異体というのは、異なる者同士、同体というのは、ある一つのものの内、ということである。異体が、異なるものとしての甲と乙との関係だとすると、同体は、甲なら甲なる一つのもののなかにおける、その甲自身と乙などとの関係ということになるのである。甲にも、それ自身のなかに、他の乙などの要素がじつは内在しているという見方がここにある。一つの存在は、ただ一義的に決まっているのではなくて、じつはその内部にすでに他の種種の要素を持っているというのである。面白い考え方だと思う。

一方、用と体ということであるが、用の関係とは、作用における関係、体の関係とは、存在そのものの関係ということになる。つまり、作用の視点、存在の視点といってよいであろう。こうして、「十玄門」では、異体・同体の体・用という視点から関係のあり方を分析・解明して示し、華厳の事事無礙という関係、重重無尽の関係の論理構造を示していくのである。

なお、異体の用の関係は、「相入《そうにゅう》」と言われ、異体の体の関係は「相即《そうそく》」と言われる。こうした言葉も何気なく使われているようだが、厳密にはそういう区別もある。同様に細かくいえば、同体の用の関係は、「一中多・多中一」と言われ、同体の体の関係は「一即多・多即一」と言われるのだが、ともかく用の関係は相入、体の関係は相即と覚えておけばよいだろう。「十玄門」は、この順序でそれぞれの関係の論理を、十銭を数える仕方を例に説明している。十銭を数えるといっても、事実上、一から十までの数を数えることのなかで考えればよいと思う。そこで、その十銭を数えるとはどういうことなのか、『華厳五教章』のテキストに沿って理解してみよう。そこに向上門と向下門という二つの観点が出てくるが、向上門は、一から十へと上っていく方向、向下門とは、十から一へと下っていく方向を意味している。

「一がなければ十は成立しえない」――向上門

その一例であるが、まず、異体の用の関係である。


初に向上数に十門あり。

一には、一は是れ本数なり。何を以っての故に。縁成《えんじょう》の故に。

乃至《ないし》十には、一が中の十。何を以っての故に。若《も》し一無ければ即ち十成ぜざるが故に。即ち一に全力有り、故に十を摂するなり。仍《よ》って十にして一に非ず。

余の九門も亦《ま》た是《かく》の如《ごと》く一一に皆十有り。準例して知んぬべし。

前にもいうように、向上数というのは、一から二、三、……、十と、上に向かって数えていくことを意味している。十門あるのは、まず本数（根本の数）を一に設定して、そしてそれと他の二から十までの数（末数）との関係を観察し、つぎに本数を二に設定して、そしてそれと他の末数（この場合、一および三ないし十）との関係を観察し、そのように本数を一から十へとそれぞれ設定して、それとその他の数との関係を観察していくことによって、十門ということになるわけである。

さて、はじめに一を本数とするのであった。本数というのは、他に対して根本となる数ということである。あるいは、基準（基本）として設定した数といってもよいであろう。なぜ一を根本として、他の末数との関係を見ていくことができるのだろうか。それは、一が一としての自体、一としての本体、一としての自性を持つような、一以外には何にもなりえないような、そういう一ではなくて、他との関係のなかで成立している、その意味で無自性の一だからなのである。常恒不変の本体ある実体的存在としての一ではなく、無自性ゆえに他と関係しうる一であるからである。その無自性を本質としていることを、ここでは、「縁成」と言ったのであった。

一般に、縁成とは、縁起所成ということを意味するであろう。つまり、縁起によって成ったところのもの、他によって作られたもの、という意味である。一も他の数から作られたものという性質をじつは持っているのだし、他との関係のなかでこそ一でありえているであろう。というのも、二や三……との関係のなかで、二や三……ではないものとしての一であるし、あるいは二から一を引いて一が作られるし、ないし十から九を引いて一が作られるのだから、こうして、縁起所成の一だということができる。と同時に、一が縁となって二を成し、一が縁となって三を成す……ということも言いうる。この場合の縁成は、縁起能成と言えるかもしれない。このことも、一が実体的存在でないからこそ、縁となることにおいて、他に関与していけるということである。

こうして、他の縁より成ること、縁となって他を成らしめること、所成・能成ふくめて、縁成ということができる。そのような一であるからこそ、一が本数になりうるのである。

このことは、後に見るように、一だけに限られない。一から十までのあらゆる数が、今とまったく同じ特質を有しているのである。

つぎに、「乃至十には、一が中の十」とあった。乃至というのは、一を本数として、つぎにその一と二との関係すなわち一が中の二を見、そのつぎに一と三との関係すなわち一が中の三を見、こうして順に一が中の十まで観察していくのであって、その中、一の本数と二から九までの末数との関係の考察は省略したことを表している。本来は、「一が中の二。何を以っての故に。若し一無ければ即ち二成ぜざるが故に。即ち一に全力有り、故に二を摂するなり。仍って二にして一に非ず」ということがあるのであり、さらに同様に一が中の三、四、五、……と観察していくわけである。

こうして、最後に一と十との関係を見ることになったとき、「一が中の十」と見る。つまり、一（本数）の中に十（末数）が入り込んでいる、と見るのである。それは一体、どうしてであろうか。

その説明が、「若し一無ければ即ち十成ぜざるが故に。即ち一に全力有り、故に十を摂するなり」にある。一がなければ、十は成立しえない。一があればこそ、十が成立しうる。このことは、理解しうるであろう。ということは、一が有力《うりき》であって、十は無力《むりき》であるということになるわけなのである。このとき、無力のものは、有力のものに摂《おさ》められてしまう。ここは、華厳の論理の一つの要点であろう。摂めるといっても、物理的に摂めることは、我々凡夫の眼にはとうてい見えない。しかし、肉眼には見えなくても、そこに有力・無力の関係があるときは、無力のものは、有力のものに摂められているのだというのである。これは、いわば論理的な関係といえばよいであろうか。しかしこの見えない関係はたしかに成立しているというのである。

　こうして、有力の一（本数）は、無力の十（末数）を摂めることになる。ということは、十は一の中に入るということである。こうして、「一が中の十」が成立する。もちろん、これとまったく同じ論理で、一の中に二もあるし、三もあるし、……ということになる。結局、有力の本数は、他の無力の末数のすべてを摂めているのであり、同じことを別の方向から表現すれば、本数の中に末数が入り込んでいるというわけである。

　ところがこのあと、「仍って十にして一に非ず」とあった。これは、十が一に摂められ、あるいは一に入るからといって、十がなくなってしまって、一だけになってしまうということではない、ということを述べているものである。だからこそ、異体の関係も成り立つわけである。と同時に、十は一に入るようなものであればこそ、十でありうるのだということでもある。つまり、十も十としての自体、本体、自性のある十ではない、縁起所成の十であればこそ、十でありうるということである。

「余の九門も亦た是の如く一一に皆十有り。準例して知んぬべし」とは、本数を二から十までの九つのそれぞれに設定して観察する場合も、本数の設定とその本数と末数との関係をあわせて、十の観察をおこなうということだ。そのことを、一を本数とした場合を例にして了解すべきだというわけである。

柔軟な視点——向下門

つぎに、向下数(向下門)の観察のあり方が説明されていく。向下門とは、前にも少しふれておいたが、本数をまず十に設定し、そこでその本数の十と他の末数の九、八、七……の関係を観察し、つぎに九を本数として他の末数との関係を観察し、というようにして、本数を十から一へと下がっていく観察のことを言う。このときの論理は、もちろん前と同様である。ただこのとき、まず最初の観察で、十がなければ他の末数がありえないとは、やや了解しづらいものがあるかもしれない。しかし、十があるとき、その十から一、二、ないし九を引けばこそ、九、八、ないし一が成立することも、事実である。こうした相互関係があるとき、一から十までのなかでどの数が中心、基準とは言えず、どの数も中心になりうると見ることはじゅうぶん、できるであろう。先入見や偏見を離れれば、一から十までの数のなかで、どれを中心として見てもまったくよいはずである。そのような柔軟な視点、固定的でない、双方向的(むしろ多方向的)な視点に自由に立つところに、華厳の華厳らしい特質があることを思うべきである。

こうして、十(本数)がなければ一(末数)もありえない、十があってはじめて一が成立するという関係が見えてくる。このとき、十(本数)が有力、一(末数)が無力という関係が成立していることになる。無力の一は有力の十に摂められ、有力の十に入ることになる。ただ、この向下門では若干、表現が異なっている。というのは、前の向上数の説明においては、「即ち一に全力有り、故に十を摂するなり」と、有力の本数が無力の末数を摂めるという説明であった。しかしこの向下数の場合は、「即ち一、全力無うして十に帰するが故に」と、無力の末数が有力の本数に帰する、つまり入るという説明となっている。同じことを、ここでは末数の方から見て説明している。やはり本数が末数を摂めることと、末数は本数に入ることと、その両方があいまって、事柄を十全に説明できるのであろうから、このように表現を若干、変えていうことも意味のあることと言うべきであろう。

こうして、末数の一は本数の十に入ってしまうのだが、しかも「仍って一にして十に非ず」と、きちんと言われている。このことによって、十とは異なって一が保全されていること、今の関係が異体の関係にほかならないこと、一は自性ある一ではないことが説明されているのである。このことについては、前の向上門と同様であろう。

もちろん、この向下門で、本数を九、八などとしていったときも、その関係のあり方、論理構造はまったく同じである。

相即の論理

このあと異体の体の関係が説かれるのだが、もはや簡単にその急所を説明しておこう。たとえば甲と乙とがあくまでも関係のなかで成立しているとき、乙が関係に入ることができるという、その自性を持たない、無自性の面があればこそ、甲は甲として成立し、すなわち有のものとして成立しうるという関係が見出される。もちろん、その逆も同時に成立していて、一方で甲の無自性ゆえに他と関係しうるあり方によってこそ、乙は有なるものとして成立していることにもなる。こうして、関係のなかで成立している甲と乙にあっては、乙の無において甲の有が成立し、同時に甲の無によって乙の有が成立していることになる。前のほうでは、乙は無となってまったく有の甲になり尽くしているし、後のほうでは、甲はまったく無となって乙の有になり尽くしている、という関係を見ることができるわけである。見るといっても、なかなかこの関係を確かめるわけにはいかないであろうが、じつはこういう論理的関係が厳然として存在しているというのである。これが、相即の論理である。

華厳では、縁起ということの内容を、ここまで掘り下げているのである。

さらに同体の用の関係・体の関係が同じく十銭を数えることを例に説明されるのだが、以上の観察の論理が理解できれば、あとはその応用だから、もう省いておこう。

十玄門の内容

これらの関係の論理構造の分析をふまえて、いわゆる十玄門が説かれていく。そこにも、関係のあり方への種種の観点があるので、ごく簡単に紹介しておきたい。なお、前にもいったが、以下に出る一とは、個物あるいは個々の事象をいうもので、全体としての一ではないことを注意しておく。

一　同時具足相応門

総門　異体・同体、相入・相即のすべてに通ず。他の九門もすべて具足する。

「此れは海印三昧に依りて、炳然《へいねん》として同時に顕現して成ず」

二　一多相容不同門

一多互いに相入相摂し、一の中に多が入り、多の中に一が入って、無礙ならざるなく、しかも一は一、多は多であって一多の体、不同なるを言う。

三　諸法相即自在門

一切諸法が、一即一切・一切即一であって、円融無礙自在であることを言う。このことにかんして、特に初発心の菩薩即仏を論究している。

四　因陀羅《いんだら》微細《みさい》境界門

前の第二・第三門は、一重の相即・相入だが、ここでは相入に関して重重無尽なることを言う。因陀羅（＝インドラ）とは帝釈天《たいしゃくてん》のことであり、その宮殿には飾りの網がかかっている。その網には無量の網目に無量の珠玉があり、その無量の珠玉は互いに映しあい、あるいは薄くあるいは明らかに互いに現じて、重重無尽であり、しかも相乱れず分斉判明している。

五　微細相容安立《あんりゅう》門

小に大を容れ、一に多を容れ、しかも一多壊せざるの相入。相容の相は、明月来たって相い照らすの相のように、一方向的な相である。

六　秘密隠顕倶成《おんけんくじょう》門

我、親に対すれば子、弟に対すれば兄、妻に対すれば夫等々、各々の名目と資格が一身上にあって隠顕同時にともに成ず。

七　諸蔵純雑《じゅんぞう》具徳門

一切が一であるとき、一に純と名づけ、その一に一切の差別を含むところを雑と言う。万行が一行にある、そこが純、一行に万行が具わる、これが雑、かつ具徳。純・雑が同時に成立する。

八　十世《じっせ》隔法異成《きゃくほういじょう》門

時間に約して相即・相入無礙の理を説く。一念と九世（三世のおのおのに三世がある）で十世。十世各別で区分があるが、それらが相即・相入してしかも前後長短の相状を失わないことを言う。

九　唯心廻転善成門《えてんぜんじょう》

縁起の本を明かす。唯一真如・一如来蔵・自性清浄心が転変して善く縁起の諸法を成立するを言う。真如・自性清浄のままの転変であり、これを性起とも言う。

十　託事顕法生解門《けんぽうしょうげ》

喩えによって重重無尽のあり方を明かすとともに、喩即法を説く。経に、宝・王・雲等を説くのは、諸法の尊貴を表すため宝を言い、諸法の自在を表すため王を言い、諸法が利益・潤益するを表すため雲を言い、しかもこれらの喩えそのものが重重無尽のあり方にある。（以上、湯次了栄『華厳五教章講義』龍谷大学出版部、一九二七年、五八〇頁以下参照）

六相円融義の縁起観

華厳思想における縁起の分析・解釈は、以上のようになかなか細やかなものがあるのだが、さらにもう一つ、とても興味深い解明を見ることができる。それは、「六相門」、すなわち六相円融義のことである。ここにおいてもまた、事事無礙法界の論理構造が、十玄門とは別のかたちで説明されている。この説は、一つ一つの事物に、総相、別相、同相、異相、成相《じょう》、壊相《え》という、六つの相がそろって具わっていることを明かすものである。

まず、この六相の意味であるが、総相とは諸《もろもろ》の構成要素により一つの全体が成立している、その全体のこと、別相とは、その諸の構成要素が全体とは区別されること、同相とは、諸の構成要素が同じ一つの全体に関わっていること、異相とは、諸の構成要素がたがいに異なっていること、成相とは、諸の構成要素が関係に入っていること、壊相とは、諸の構成要素がおのおの自分自身であること、である。このことが、たいへんわかりやすく、家を例に用いて解説されている。はじめに、総相について、つぎのようにある。

問う。何者《なにもの》か是れ総相なる。

答う。舎《しゃ》是れなり。

家を例として、はじめに、その総相とは何かが問われている。もちろん、家の全体が総相だと、誰もが思うであろう。

問う。此れは但椽《てん》等の諸縁なり。何者か是れ舎か。
答う。椽即ち是れ舎なり。何を以っての故に。椽、全に自ら独り能《よ》く舎を作るが為の故に。若《も》し椽を離れては舎即ち成ぜず。若し椽を得る時、即ち舎を得。

家が全体の総相であるとの答えに対し、それは、椽すなわちたるきなど、諸の建材の集合にすぎず、全体としての家とは何かがまだ答えられていない。いったい、全体としての家とは何かと、あらためて問われる。たるきというのは、屋根を支える木材で、屋根の下に小口が並んで見えるもののことだが、要は建材の一つで、柱でも鴨居でも敷居でも何でもよいであろう。

これに対し、一本のたるきが家という全体であると言っている。いわば、構成要素の一つが、全体そのものだというのである。一体それはどうしてであろうか。家は、たるき一本がなくても、完成しない。その一本のたるきがあればこそ、家は完成する。ということは、家の成立は、ひとえにその一本のたるきにかかっているということになる。そこで、そのたるき一本こそが、家全体を作っているということにもなる。したがって、たるきが家にほかならないというのである。

問う。若し椽全に自ら独り舎を作らば、未だ瓦等有らざるも亦た舎を作るべきか。答う。未だ瓦等有らざる時、是れ椽ならざるが故に、作らず。是れ椽にして而も作ること能わずと謂《い》うには非ず。今、能く作ると言うは、但だ椽能く作ることを論ず。非椽作ることを説かず。何を以っての故に。椽は是れ因縁なり。未だ舎を成さざる時、因縁無きに由るが故に、是れ縁（椽）に非ざるなり。若し是れ椽ならば、其れ畢《つい》に全に成ず。若し全に成ぜずんば、名づけて椽となさず。

では、たるき一本が家を作るのだとしたなら、瓦などがないうちでも、そのたるき一本で家全体を作れるというのであろうか。この問いに対しては、つぎのように答えられている。たるきというのは、家の構成要素としての名前である。それは、家のなかに位置づけられてこそ、はじめてたるきと呼ばれうるものである。ところが、いまだ瓦が載せられていないような、いわば建築中の家は、家として完成しておらず、つまりまだ家ではない。家でないもののなかにあるたるきは、本来、いまだたるきと呼ばれるべきものではなく、単なる一本の材木にすぎない。たるきでないものが、家を作ると言ったのではない。しかしたるきなら、家を作るのである。逆に家を作らないものは、たるきではないのである。このように、じつに巧みに切り返している。

一本のたるきなくして家なし

これに対し、また別の角度からの質問がなされていく。

問う。若し椽等の諸縁、各《おのおの》、少力を出して共に作りて全に作らざれば、何の過失有りや。

答う。断・常の過失有り。若し全に成ぜずして但だ少力ならば、諸縁各、少力ならん。此れ但だ多箇の少力にして一の全舎を成ぜざらん。故に是れ断なり。諸縁並びに少力にして皆な全に成ずること無からんに全舎有りと執せば、因無くして有るが故に是れ其れ常なり。若し全に成ぜずんば、一の椽を去却《こきゃく》せん時、舎猶《な》お在るべし。舎既に全に成ぜざるが故に、知んぬ、少力に非ず、並びに全に成ずるなり。

たるきなどの諸の建材は、家全体を作るのではなく、それぞれ自分自身を作るのみ（少力）で、それらが合わさって家を作ると見るのではいけないのか、と問うているのである。この問いに対しては、断・常の過失があるとしている。少力だけしか発揮しないということは、全体を作らないということで、そうするとばらばらの建材のあるだけであり、全体は成立しないことになってしまう。これは、断の過失であるという。一方、そのように家の全体が成立しないのに、しかも家があるとすれば、無いものを有るとするのだから、常の過失になるという。さらに、そもそも諸の建材が全体に関与せず、少力だけでしかないと見るなら、その一つの建材を取り除いても、家はなおあるということになるはずだと、その考え方の矛盾を指摘する。しかし、一つの建材でも欠けたら家の全体が成立しない以上、少力のはずはありえないというのである。

それにしても、一本のたるきくらいなくても、家はありえているのではないか、という素朴な疑問が持たれるであろう。

問う。一の椽無き時、豈《あ》に舎に非ずや。

答う。但だ是れ破舎にして好舎無きなり。故に知んぬ、好舎は全に一の椽に属す。既に一の椽に属する故に、知んぬ、椽は即ち是れ舎なり。

一本のたるきがないくらいでは、なお家と見てよいのではないかという問いに対し、それは破舎つまり不完全な家であって、好舎つまり完全な家ではないという。それゆえ、完全な家は、ひとえに一本のたるきに属してしまっているのである。そうである以上、一本のたるきが、家そのものにほかならないのである、と結論づけている。

こうして、一本のたるきが家であるという論理が説明されたわけである。諸の構成要素の一つ一つが、それぞれ全体にほかならない、という、きわめて興味深い論理が解明されたわけである。部分は全体にほかならない。こういう論理は、単純な要素還元主義をはるかに超えた、いかにも現代的な論理ではないか。

瓦なども一本のたるきである

それればかりか、ある建材と家全体のこの関係をふまえて、つぎに、その家のなかのある建材とある建材との関係が考察されていく。

問う。舎、既に即ち是れ椽ならば、余の板(材)・瓦等も、即ち是れ椽なるべしや。答う。総じて並びに是れ椽なり。何を以っての故に。椽を却すれば即ち舎無きが故に。然る所以《ゆえん》は、若し椽無ければ、即ち舎壊す。舎壊するが故に、板・瓦等と名づけず。是の故に、瓦等は即ち是れ椽なり。若し椽に即せずんば、舎、即ち成ぜず。椽・瓦等並びに皆な成ぜず。今、既に並びに成ず。故に知んぬ、相即するのみと。一椽既に爾《しか》なり、余椽例して然《しか》なり。

問いは、家全体が一本のたるきだとすれば、たるき以外の板・瓦など、他の建材もその一本のたるきであるということになるのか、というものだ。その答えを私なりに訳すと、つぎのようである。

すべて他の建材はその一本のたるきである。なぜかというと、一本のたるきをのぞけば家が成り立たないからである。そのわけは、もし一本のたるきがなければ、家は成り立たない。家が成り立たないので、そこにある建材も、板・瓦などと名づけることができない(それらの建材も、家のなかに位置づけられてはじめて、その建材の名を得、その建材となるからである。したがって、板・瓦などがまさに板・瓦などでありうるためには、家が成立していなければならず、家が成立するためには、一本のたるきにかかっている)。このゆえに、瓦などは一本のたるきにかかっているのであり、すなわち瓦などは一本のたるきそのものなのである。このように、もし瓦などが一本のたるきであるという関係が成立しない場合、(おのおのは少力のみということでもあり)家も成り立たないことになる。家が成立しないと、たるきも瓦も成立しないことになる。しかし、今、家を見れば、たるきも瓦も、また家そのものも成立している。そうである以上、板・瓦などは、たるきと相即しているのである。この関係は、一本のたるきだけにおいて成立していることではない。どのたるきも、どの建材も、このような関係にあるのである。

こうして、ある構成要素と全体が一つであるだけでなく、ある構成要素とある構成要素とも、互いに相即しているという。これは、まさに事事無礙法界の論理にほかならないであろう。

華麗な論理構造

以上の理由から、関係を結ぶべき一切の縁起の存在は、その関係が成立しなければそれまでだけれども、成立したとすれば、互いに相即し融けあって、無礙自在であり、完全の極みであって、我々の分別では届き難く、我々の想像を絶した世界である。華厳が説く法性縁起の世界は、すべてそのように以上に準じて知るべきである、と結んでいる。

六相門はこのあと、他の別相等の五つの相において見るべきことが説かれていくのだが、興味深い論理を説明している箇所はこの総相に集中していると思う。もはやこのあとは省略しておく。ただ、この六相門の最後に置かれた詩の内容のみ、かかげておこう。

全体が諸の構成要素を擁しているのが総相であり、
諸の構成要素は全体とは異なるところが別相である。

諸の構成要素は一致して同じく一つの全体を作っているのが同相、しかし諸の構成要素がそれぞれやはり異なっているのが異相、全体と諸構成要素とが互いに関係しつつ、全体を成立させ、ひいては構成要素であることも成立させているところが成相、しかし諸の構成要素が自らのあり方を守っているところが壊相である。元来、華厳に説く、事事無礙法界の光景は、仏智によって初めて知られることであって、凡夫の分別の知によっては知られないことである。しかしその消息を洞察させるために、これら六相が同時に、円融無礙に成立していることをもって、観法の基準とし、一乗の覚りに入る方便とするのである。

以上、やや込み入った教説に深入りしてしまったが、このように、華厳宗では、縁起の論理的関係の内実を、深く解明している。しかもこうした関係がまさに重重無尽であることは、一から十までそのわずか十箇の数のなかでもいえてしまうことなのである。というのも、一の中に一から十までがあるとして、そのそれぞれにまた一から十までがあり、そのそれぞれにもまた一から十までがあり、というように、ここにおいてだけでも関係は無限なものを内蔵していることになるからである。まるでめくるめくような存在論である。

家一つのなかにも、そのように深い華麗な論理構造があることをえぐりだしているのである。

関係主義的世界観

仏教というものは、縁起＝関係性ということで、それ以上、何も説かないようなものではない。よく関係主義的世界観というけれども、ただ関係とさえいえば、それで実体論は乗り越えられたというわけでもないであろう。やはり関係という以上、ではそれはどういうことか、どのように成り立つのかも、緻密に究明して、その本質、その意味を了解すべきである。そこを、仏教は徹底的に遂行《すいこう》している。哲学として、どこまでも掘り下げているのである。それは、現代の関係主義的世界観のなかでも、ひときわ深くかつ明晰なものだと思われるのである。

第七章　時間について——絶対現在の時間論

世界という言葉

よく世界という言葉が使われる。世界というと、地球上のすべての国を思うだけでなく、一つの秩序ある存在の広がりを想起したりする。つまり、ある空間としての領域を心に描くことが多いであろう。しかし、世界という言葉は、もともと仏教の言葉で、世は時間を意味し、界は空間を意味するものである。たとえば、過去世・未来世・現在世と、三《さん》世《ぜ》といったりする。そのように、世（ローカ）は時間に関係した言葉である。一方、界は、たとえば結界などともいう。その意味の界の原語は、シーマーである。やくざがここは俺のシマだ、というのは、このサンスクリットから来ているらしい。昔のやくざは学もあったものである。もっとも、世界というときの界の原語はダートゥであり、この場合の界は、領域つまり空間の意味になる。そこで、世界というのは、本当は空間だけのことなのではなく、時間をもふくんでいることになる。時空のすべてを世界というわけである。

実際、我々が生きている世界は、静止した空間だけのものではありえない。どこまでも動き、変化し、転変していく、諸行無常の世界である。時間なしに我々のいのちはありえないであろう。

では、いったい時間とは何であろうか。これは非常にむずかしい問題である。考えてもなかなかわかるものではないであろう。考えることが時間のなかでおこなわれるのであり、その時間ぬきにして他の時間を考察しても意味がないのかもしれない。そこに、自己矛盾もあるような気がする。と、ことの複雑さばかり強調しても先へ進めないから、ともかく仏教で考えている時間について、少し紹介してみることにしよう。

矢のパラドクスと『中論』

そこで、先へ進むとして、まずその先へ進むということがありえるかが、じつは問題になる。どうも出発点をうろうろしてしまってじれったいと思うだろうけれども、この進むということ、つまり運動ということから考えていくことにしよう。運動は、時間なしに考えられず、運動の成否は時間の問題と緊密な関係を持っているはずである。はたして運動はあるのであろうか。

龍樹は『中論』で、このことをかなりしつこく問題にしている。ただ、議論の焦点は、それつぎのことになろう。まず、過去に運動はあるか。過去がどこかに残っているなら、それもわからないが、やはり過去はもうないであろう。ない過去に運動はないであろう。では、未来に運動はあるか。未来もいまだないとしか考えられないから、やはり未来にも運動はありえないにちがいない。そこで運動がありうるのは現在のみとなるが、では現在に運動はあるであろうか。

ここで龍樹の思索は鋭利なものとなる。現在が静止したものであるなら、そこに運動はありえない。そこで仮に現在は運動しているとして、そのすでに運動しているあるものに、運動はあるといえるであろうか。すでにもとより運動しているものがさらに運動するということはありえない。もし運動するといったら、一つのものに、二つの運動があるという矛盾になってしまう。そうすると、問題は現在はすでに運動しているのか、ということになるが、あるとしても、その運動は現在が絶えず現在に移動していく運動として万物に共通で、それ以上のそれぞれ異なる運動は、今、言ったように、ありえないはずである。しかもその実際をいえば、現在は現在にしかないのだから、そこに運動はないというほかないであろう。こうして、現在にも運動は否定されざるをえないことになる。

このことは、ゼノンの矢のパラドクスと近いのかもしれない。「第三の難問　飛んでいる矢は静止している。なぜならば、どんなものでも自分自身と同じ場所を占めている時は、常に静止しており、また動いているものは、今において自分自身と同じ場所を占めているならば、動いている矢は動かない」(杉原丈夫『時間の論理』早稲田大学出版部、一九七四年、三一頁)。

この運動の否定の根本にあることは、過去も未来も存在せず、あるといえるのは現在しかないという事態である。過去は存在しない、未来も存在しない、では現在は存在するかといえば、少なくともその現在は対象的に把握することはできない。つかまえたときは、もう過去になってしまうし、つかまえるその作用の先端に現在があるはずだからだ。

徳山と点心

このことについて、禅宗には、面白い話が残っている。徳山《とくさん》というお坊さんがいた。日本の禅宗の主な宗派には、臨済宗と曹洞宗とがあるが、その臨済宗の宗祖・臨済は喝で有名であった。どんなときでも、あたりかまわず、喝と叫んだ。この臨済に対し、棒使いで有名だったのが、徳山である。「言い得るもまた三十棒、言い得ざるもまた三十棒」、といっていたというほどである。この得るというのは、むしろ完了と見たほうがいいだろう。つまり何か言ったとしても駄目だし、言わなかったとしても駄目だ、というのだ。さあ、読者だったら、どうする。茫然としていてはだめだ。まごまごしているまでもなく、バンバン叩かれるぞ。おそろしいが痛快な和尚である。

その徳山も、若いときがあった。もともと徳山は『金剛般若経』の、自称だが当代一流の研究者であった。南のほうで禅宗というおかしな仏教が流行していると聞いて、それは邪教だとやっつけにいこうとして、ついにある禅寺を擁す山のふもとまで来た。その前にちょっとおやつをというので、そのあたりの茶屋に寄って、点心を所望した。何か饅頭のようなものを頼んだと思えばよいだろう。

するとその茶店の婆さんが、いかにも学者然とした徳山に質問した。「せおっている笈《おい》摺《ずる》には、何がはいっているのかい」、と。徳山は、「『金剛般若経』の注釈書だ。俺様が『金剛経』の権威であることを知らないのか」、と自慢げにいった。これにすかさず婆さんが一矢を放つのである。「『金剛般若経』には、『過去心不可得、現在心不可得、未来心不可得』とあると聞いたが、お前さんは今、点心を頼んだねえ。いったいそのおやつをどの心に点じようというのかね」。

徳山は答えられなかった。おそらくぎゃふんといって、冷汗三斗《れいかんさんと》の体《てい》であったことであろう。おそらくこの婆さんは、ひそかに禅に深く参じていたのであろう。学者だと思っていばっていた徳山も、婆さんの前では、まったくかたなしであった。ここで徳山は奮発して、禅の修行に入り、刻苦勉励して偉大な老師になったのだから、徳山のほうもやはり偉いものである。

というわけで、過去も未来も、じつに現在も、本来、不可得、つかまえることはできない、というのが経典の教え、仏説の諭《さと》しである。生きているいのち、はたらいている主体としての自己、その本当の自己は、つかまえることはできない。自分はもとより自分のものにすることはできないのである。その先端に、現在があり、自己がある。その現在そのものに立ちつくすとき、運動はなく、計量できる時間もない。世界は時間・空間だと思われたが、時間をぎりぎりつめていくと、幅や流れは消えてしまうのである。

そうすると、世界にじつはあるのは、現在の存在のみということになる。じつは事物は、その存在としてずっとありつづけているものではない。三世を通じて、鉄の棒のようにそのままありつづけているものではない。過去も未来も存在しない以上は、金太郎飴の、途中のある一ミリにも満たない輪切りされたものが現在だが、その前後のすべても同時に存在しているのではまったくないであろう。したがって仏教は、常住の本体はどこにもない、一切法は空である、と主張するのである。

「永遠の今」——道元の時間論

運動から考えはじめたが、あるのは、現在しかない。まずは、少なくともそういうことになる。ここを明瞭に説くのが、道元(一二〇〇~一二五三)である。道元の『正法眼蔵《しょうぼうげんぞう》』には、「有時《うじ》」の巻がある。有時という言葉は、本来、あるときは何々、あるときは何々、という意味で使われる言葉なのだが、道元はその言葉を自由に読み替え、深い意味を掘りだしてくる。その有時を、「有は時なり、時は有なり」と読むのである。つまり、存在は時間であり、時間は存在であるという哲学を唱えだすのである。ハイデッガーの『存在と時間』よりはるか昔に、「存在と時間」を発表し、しかもそれはいのちと世界の核心をじつに精確にえぐりだしているのだから、日本も哲学の国として見直されてよい。「有即時・時即有」はしゃれているし、核心をついているし、脱帽である。

しかも道元のすごいところは、この時を今(而今《にこん》)以外の何ものでもないと見すえているところである。さらにその今は、自己と切り離せないことを明らかに指摘しているのが、もっとものすごいところである。たとえば道元は、山を登るということが、どのように考えられるべきか、独得の考察を展開している。ふつうは、山を登っていったとき、ある山がありつづけていて(固定した空間が存在していて)、そこをふもとから頂上へと時間のなかを経過しつつ上がっていくと考えるであろう。変わっていくのは自分だけで、山は不動である。静かなること山の如し、である。そうして、ふもとを登っていた頃は、時間的には過去に去っていったと考える。この考え方は、じつは山がずっとありつづけているという、その先入観のもとで成立している。ずっとありつづけている山の、前にあった分は過去の領域に入っていったという、無意識の考えがそこにある。

しかし、よく考えれば、山の前の分は過去のどこかにありつづけているわけではないはずである。いつも登っている人の現在に山の全体はあり、その現在の山がそのつどあるだけであって、どこかに去っていった山がなおあるということはないはずである。いつもいつもその人の現在に山はあり、それ以外、山はないにちがいない。だから、山はいつも今にあって、どこかに去っていくということはない。現在に存在があり、その存在以外に時はない。時間が去っていくというのは、この事実をもとにして、そこにおいてそのつどの現在を同時空間上に直線的に並べて、そのうえで過去は去った、未来はまだこない、とか言っているのみなのだ。だから意外と時間とおもっているものは、空間的そのものなのである。本当は山は去らない、ゆえに時間も去らない。時間が直線的に去っていくと思うのは、錯覚だということを思うべきだ。そう、道元は説くのである。

この考え方は、いわゆる永遠の今という考え方である。いつも今しかない。その今が、今・今・今……とつづくのみだという考え方である。もっとも、ここで〝つづく〟というのも、すでに同時空間上に投影しての言い分であろう。永遠の今以外に、時間はない。そこに立てば、老いることも死ぬことさえもないはずになる。生きている限りは、死なないし、死んだらもう死なないから。

「咲く咲く常住、散る散る常住」――天台本覚法門

こういう考え方は、天台本覚法門と同様なのかもしれない。というのも、天台本覚法門

では、「事常住」などということをいう。そのつどそのつどの事象が、常住絶対だ、という。このことについて、『三十四箇事書』「生死即涅槃の事」には、「世間相常住と云ふは、堅固不動なるを常住と云ふにはあらず。世間とは、無常の義なり、差別の義なり。無常は無常ながら、常住にして失せず、差別は差別ながら、常住にして失せず。もしこれを意得《こころえ》ざれば、僻見《びやつけん》に堕す。譬へば、波は動ずといへども、動ながら三世常住にして、動の始めもなく、動の終りもなく、無始無終なるがごとし。本《もと》より十界所具の法なるが故に、此《し》死生彼《しようひ》すといへども、十界を離れず。／十界は法界なり。必ず一界は実に、余界は仮なるべからず。故に、諸仏の境界は、いづれの界にも住みたまふ。（中略）もししからざれば、仮諦《けたい》常住の法門、立たず。仮諦常住とは、十界不同にして、此死生彼ながら、しかも常住なる意なり。よくよく、これを思ふべし」とある（『天台本覚論』日本思想大系九、岩波書店、一九七三年、一五七頁）。これによれば、事常住とは、現に生滅する事物がしかも仏と一つであることをいうもののようである。こうした考え方は、のちには「咲く咲く常住、散る散る常住」という句になっていく。これもおしゃれである。

ちなみに天台本覚法門の整理された教理としては、「三重七箇法門」や「四重興廃《しじゆうこうはい》」などがあるが、そのなかの「四重興廃」は、爾前《にぜん》・迹門《しやくもん》・本門・観心の四段階で種種の事理を見ていくもので、最勝なのは、本門の教理（言葉・知性の立場）すら超えて、今の自己の一念上に根本法華の内証の真実を見出していく観心の立場だという。あたかも『大乗起信論』において、本覚は離言真如に窮まるのと同様である。この四重興廃の教理によれば、天台本覚法門の核心は、畢竟《ひっきょう》、観心において主客未分の内証に徹するところ（天真独朗の止観）にあることが知られよう。

自己は世界に置かれている

この止観にきわまるということは、今をどこに見出すかに関係している。今とはけっして客観的な時刻のことではない。対象的に認識された今でも常住でもないのである。自分と関係のない抽象的な時間なのではなく、まさに自己がいるその現在のことにほかならない。だから、今というものは、意識のある人の数だけあるのかもしれない。この今を見出すために、道元は、「自分を世界の中において、そのうえで、世界の一つ一つのものを、時（今）の存在だと心得るべきだ」、といっている（「われを排列（＝配列）しおきて尽界とせり、この尽界の頭々物々を、時々なりと覰見《しょけん》すべし」『正法眼蔵』「有時」『道元　上』日本思想大系一二、岩波書店、一九七〇年、二五七頁）。ふつう、我々は、自分のことは棚にあげて、自分の前にある世界のみを考察の対象として、世界がどうのこうのと論じている。そのとき、自分の主観の側は、一切、無視されている。自分を天上高くとどまる鳥のように据えて、そこから世界を俯瞰して、世界を論じつくしているようでも、その自分そのものはじつは排除されてしまっているのである。しかし本当に世界が世界であるためには、自分もそこに入っていなければならないであろう。そこで、自分をも世界のなかに配置して、そのうえで世界を考えていくべきだという。じつに的確ではないか。ここに、対象論理ではない、場所の論理がある。世界を自己と切り離す（自己を世界と切り離す）のではなく、自己は世界に置かれている、その全体を見ていくのである。このことは、対象論理ばかりによってきた我々の歴史のなかで、大げさに言えば、人類史上、画期的な指摘だと思う。

自己が置かれている世界は、自己と同時に存在する世界だ。それは、現在に存在する世界だ。どんなものをとらえても、すべてそのときの現在の存在だ。すべてのものは、過去・現在・未来とありつづけているものではない。そのつどそのつどの現在の存在以外の何ものでもない。その現在は、自己のいのちの先端、まさに自己のいる場所にこそある。存在と時間と自己とは、一つなのである。すべてが今にある。すべては今しかない。それほどの今を、大事にしなくて何を大事にすべきであろうか。

こうして、道元は、「一切の存在は、流れているようで、そのつど、そのつどである。そこに存在と時とは一致しているのだし、それは自己のあるところの有かつ時である」（「有時の道を経聞せざるは、すぎぬるとのみ学するによりてなり。要をとりていはゞ、尽界にあらゆる尽有は、つらなりながら時時なり。有時なるによりて吾有時なり」前掲書、二五八頁）というのである。そのつどというのは、その人にとっての今以外にありえない。

刹那滅ということ

もう一度、その現在という時間を考えてみよう。おそらくふつうの考え方は、ある絶対時間という、均一の速さで流れゆく時間がもとよりあって、そのなかを常住の本体あるものが動いていく、というものであろう。

では、その常住の本体あるものは、時間的に、どのくらいの幅を持った存在なのであろうか。一分間くらい存在しているものが、時間のなかを動いていくのであろうか。今の一瞬のみの存在が動いていくのであろうか。一瞬とは、どのくらいの時間なのであろうか。ここにいたって、我々は把握しきれないものにぶつかるしかなくなってしまう。

幾何学上、直線は点の並んだものといえようが、では点はどのくらいの幅を持っているのであろうか。点は、もし、幅を少しでも持っていたら、分割できてしまう。幅を持っていなかったら、どれだけ集めても線にはならない。では、点はどれだけのものであろう。ここに、微小な方向に向けての無限の問題もあるし、点は一種の極限概念とならざるをえないのであろう。

時間も同じで、たとえば一刹那という極小の時間の単位がある。これは一方で指パッチン（一弾指）の時間の六十分の一の時間だというのだが、一方でいわば極限概念の時間として語られることがある。刹那刹那、生じては滅し、生じては滅ししながら相続されていくことを刹那滅というわけだが、そのときの刹那は、ほとんど、過去でもないし未来でもない時間という、極限概念だと思われる。いや、現在は幅があるのではないか、というかもしれないが、ここは仏教は存在と関連して考えていくのである。さっきの話ではないが、存在が二刹那以上にわたって本体を有するものだとすると、それは論理的に常住の本体あるものということになってしまう。そうすると、世界に変化はないということになってしまう。しかし世界に変化がある以上は、常住の本体のあるものではなく、そうである以上、存在はすべて刹那滅、すなわち刹那刹那、生じては滅し生じては滅ししているといわざるをえない。これが刹那滅の考え方である。

無始無終の刹那滅相続

このことは、唯識思想などでは、はっきりしている。唯識思想では、我々一人一人を八識で説明するが、その八識すべては、刹那滅であるという。刹那滅のうちに相続されているのが、我々の世界だというのであるから、どこにも常住不変の実体的存在はないことになる。実際、この世は変化しながら流れ行く、事の世界以外ではないであろう。事の世界しかないのに、世界を空間的に固定したものとしてつい受け止めてしまうのは迷いであると、唯識（ないし仏教）は明瞭に主張する。それはともかく、八識の世界はすべて刹那滅だが、なかでも第八識は、無始以来、無終にわたって、刹那滅のうちに相続されていくとされている。それでこそ、この世の身心が消えても次の世に情報が伝わっていくことから生死輪廻の説明もつき、修行していってやがて仏になることも説明できるというわけである。

無始より無終ということは、いかにも合理的ではない感じがあるかもしれない。説明不能と、知の限界を白状しているだけと思われるかもしれない。ただ、ここにはむしろ時間を対象的に直線的に考えることを拒否する立場が示されているのであろう。対象的にとらえるから、始めとか終りとかが問題になってくる。しかも始めは、創造主でも立てないかぎり、説明はつかないことになるわけである。ところが創造主を立てたときには、その創造主はどのように創られたのか、さらにその根源が求められ、結局、どこまでも始原の問題はかたがつかないことになってしまう。創造主は始めからあるものなのだというなら、やはりそこで知の限界があることを示していることにもなるであろう。

宇宙のはじめをビッグ・バンに求める話がある。では、ビッグ・バンのその前はどうなっているのかと問うても、そこには時間・空間はない、ビッグ・バン以降、時間・空間が現れたのだという。いったいビッグ・バンの前は、どうなるのだろう。その前は何もないから始まりなのだ、という向きもあるようであるが。

時間の始原と今

時間を対象的にとらえようとする立場を翻すならば、始めを直線上の一方のはしに求めることから解放されるであろう。では、その場合にあって、なお時間の始原を探るとしたら、それはどこに求めればよいのであろうか。始原を求めるということ自体が、すでに直線的な時間を想定してのことだともいえそうだが、しかしじつは時間は、今に生まれてくるものである。つねに今に新たな今が生まれるものである。だからそこに、つまりむしろ今こそに時間の始原はあるのではないであろうか。

実際、時間のすべては、今にあるというべきである。このことは、あのアウグスティヌスも言ったことである。過去は今の心における想起であり、未来は今の心における期待である。過去も未来も今のなかにある。すべての時間は、今にある。とすれば、今が生まれるところに、時間の始原はあるだろう。まさに今・ここに、時間の始原はあるのだ。そこに、いのちの始原もあるのである。

そのことをふまえたうえで、しかも世界は変化しつつ相続されていくと表現したとき、まず時間の流れ、じつは存在の流れは、刹那滅だと表現される。刹那刹那、生じては滅し生じては滅しして相続されるという。特に阿頼耶識は、無始より無終にわたって、一瞬の隙間もなくつながっていくという。それはむしろ、今から今へ、今・今・今の連続だというこにもなろう。阿頼耶識は暴流《ぼる》（河）のようだとも言われているが、その実は今しかないのである。まさに道元のいう、「つらなりながら時時」である。

絶対現在の真実

このことについて、『成唯識論《じょうゆいしきろん》』では、じつに興味深い、以下のような議論が示されている。

存在は、常住不変でなく、刹那刹那生じては滅し生じては滅ししている、刹那滅のありうにある。その刹那滅のなかの現在は、生じて滅するその一刹那にある、という以外にありえない。もし生じる刹那と滅する刹那と、二刹那によって現在があるとすると、どちらに現在をとらえてよいのか、矛盾に陥ってしまうことになる。一刹那において、生じると同時に滅するというのは、矛盾のようだが、論理的にはそのように表現せざるをえない。ではこのとき、ある刹那（直前の現在・今）とつぎの刹那（直後の現在・今）とは、どのような関係にあると見るべきか。それは、天秤ばかりの一方が下がると同時に、一方が上がるようなものであるというのである。

とすれば、今が滅すると同時に、つぎの今が生じることになる。しかもその今は一刹那において滅するのであり、いわば生じると同時に滅するのである。しかしその滅と同時に次の今が生まれ、しかもそれは同時に滅する。ということは、現在に現在が生まれるということになるであろう。時間は、絶えず現在に生まれてくる。その現在以外に、時間はない。そのつねに現在しかありえないというところが、絶対現在というところであろう。そこにおのおのの今が生まれるということが、おのおのの現在が絶対現在のなかに生まれるということである。こうして、時間は、絶対現在において各現在が生まれるところにあるといいうる。西田幾多郎はここを、絶対現在の自己限定と言った。我々の自己は、そこに成立するものなのである。自己の思いをはるかに超えたもののなかで、自己は成立しているのだ。「この生死は、即ち仏の御《おん》いのちなり」(道元『正法眼蔵』「生死」)である。それにしても、時間とは不思議なものである。

今に立ち尽くしていれば、そこに永遠の今があり、生死は超えられることになろう。今に立ち尽くすということは、主体そのものになりきっているということである。主体的にはたらいて、あとをふりかえらないということである。そこに、生死透脱の極意があるであろう。

空海らの時間論

興味深いことに空海の真言密教でも、こうした時間を意識している。一般に経典は、「如是我聞《によぜがもん》、一時仏在……」とはじまる。あるとき、仏は、どこそこにいて、説法された、それを私は以下のように聞きました、というわけである。このある時＝一時の時について、真言宗の解釈によると、たとえば『弁顕密二教論』の引用に出るその語にかんし、小田慈舟《じしゅう》は、「経文の『一時』は時成就の句である。教主金剛界大日遍照如来は無始無終無生滅であるから、一切時を一時とする、一即一切一切即一で輪円無欠であるから、実は前後の区別はないが、しばらくその中に於て一時をとって説聴の時とするのである」と解説している（『十巻章講説』下巻、高野山出版社、一九八五年、七二一頁）。ここにも、絶対現在の時間論がある。

さらにまた、天台本覚法門のほうでも、同様の見方がある。前と同じく『三十四箇事書』の「元初《がんじょ》一念の事」には、つぎのような説がみられる。

「……故に元初の一念とは、常住不変の念なり。元初の一念は、常住不変と云ふ義なり。過現当の三世に起る所の念は、共に同念なり。大海の波は、昨日の波も、今日の波も、全く体一なるがごとく、三世の念は、ただ一念なり。今、教に遇つて、これ起る念は、ただこれ全体法、常住の念なり。三世一世・善悪不二・邪正一如と知るを、元初と云ふなり。もし元初の一念は迷出の始めなりと云はば、始起の法あり。もししからば、冥初《みようしよ》に同じ。全く不可なり。ただ、あるいは経巻に従ひ、あるいは知識に従ふ時、前念に起る所の一念を、三千具足と知るを元初と云ふなり。よくよく、これを案ずべし」(『天台本覚論』日本思想大系九、一八一頁)。

おどろくべき深さの哲学が、日本の仏教にはあるではないか。日本人の哲学的センスも、なかなかのものではないか。

いったい時間論において、モダンの考え方とはどういうものであろうか。さほど現代の先端に注目すべき新たな時間論があるとは思えないが、たとえば現代よりはやや前のベルグソンは、純粋持続といった。これは論理というよりもむしろ事態の記述にすぎないようにも思える。ただ、その純粋持続をさらに哲学的に表現すれば、絶対現在の時間論となるであろう。ここで思い合わせられることは、仏教が超モダンなのは、仏教が何か特殊な立場を標榜しつつ未来を先取りして先端を行くからというより、仏教が永遠の真理を体得しそれを表現してきたからだ、ということである。

時間的因果関係は可能か

さて、時間は今に集約されることになったが、その今が、やはりいくつもあることになる。個人においてそのつどあるし、人（各自己）の数だけ今があることにもなる。そういう多くの今の相互の関係は、どのように見るべきなのであろうか。空間的には、あらゆる事物は縁起のなかにあると言われていた。多くの人びとの今も、きっと縁起の関係のなかに成立していることであろう。では、時間的に、縁起はどのように考えられるべきなのだろうか。

因果関係というものは本当にあるのか、これはじつは非常にむずかしい問題である。イギリスのヒュームという哲学者は、客観的に因果関係があるとは言いきれないと明かしている。それに対して、カントは、「独断論の微睡《まどろみ》を破られた」といって、まさに因果関係はどのように成立するのかということを、哲学上の根本的な問題として追究していった。結局、カントは我々の主観の側が世界を了解するときに、因果関係という形式のなかで了解していくのであって、それは悟性という主観が、世界をとらえるときの形式なのだと説く。そのように、西洋哲学の見方からしたとき、大方の想像に反して、客観世界に因果関係があるということは必ずしも言えないというのが近代以降の主流であろう。

勝義諦を称揚する立場――『中論』

そうだとすれば、仏教の説く縁起は無条件に真理とはいえないことにもなりそうである。そこに因果関係がないとすれば、縁起は成立しないのが真実なのであろうか。

まず、龍樹の『中論』において、時間的因果というものは成立しない、とされていることは押さえられていてよいであろう。たとえば『中論』では、つぎのような議論をしている。時間的な因果関係は、結果が原因より先にあるか、同時にあるか、後にあるかのいずれかであろう。結果が原因より先にあれば、原因なくして結果があるということになり、そこにはそもそも因果関係などないことになってしまう。結果が原因と同時にあるなら、それは時間的因果関係とはいえず、ただ空間的な相依関係があるのみとなる。では、結果は原因の後にあるのか。おそらく誰もがそれが当然だと考えるであろう。

しかし、この場合は、原因が無に帰してのち、結果があるということになる。同時ではないのであるから。そうすると、結果があるときより前に原因は無となったことになる。ではいったい、すでに原因がないのに、結果は何を原因としたのであろうか。このときも、原因なくして結果があるということになり、この場合も因果関係は成立しなくなってしまう。こうして、いずれの場合でも、時間的な因果関係は成立しない。因果関係はいえない、というのである。

『中論』は、こうした議論を展開している。仏教の旗印ともいえる縁起の関係は、因と縁とが合わさって果があるというもので、単純な因果関係ではないが、しかしもちろんそこにいうまでもなく因果関係も想定されていよう。しかし『中論』は、このように因果関係はないのだ、と説くのである。ここに、戯論寂滅の勝義諦を称揚する立場がある。

因果を仮設と見る立場——唯識

一方、唯識では、縁起は仮の言《こと》あげにしかすぎないと明かしている。本来、言葉を離れた世界、諸法実相のうえに縁起や因果関係を立てるのみだ。そう、唯識は説くのである。一般に仏教は縁起が真理であると説くのに、しかし唯識からみると、そのように、縁起の説もまた仮の設定にすぎないものなのである。究極の覚りの世界は言葉を離れていて、そこをなんとか言葉にのせて説明しようとするときに、縁起の語を用いるのみだ、というのである。

その仮の設定とは、どういうことかというと、唯識の立場からいえば、現在しかないわけで、その現在のみの法が、未来に作用を及ぼしそうだということを見て、そこで現在に対し未来の果を想定して、それに対して現在の法に因という語を与えるのみだ。一方、現在の法が過去に報いるというすがたをもっていることを見て、そこで現在に対して過去の因を設定して、それに対して現在の法に果の語を与えるにすぎない。こうして、あくまでも仮の設定として因果関係がいわれるにすぎない、というのである（『成唯識論』巻三参照）。

この縁起の立場において、一方的にあるという見方を離れ、一方的にないという見方を離れる。実体的な存在としての常住である自己もつかまえることもなく、死後はなにもないといってニヒリズムにおちいることもない。これが唯識の縁起観なのである。

ところが我々は、このような刹那滅の、現在しかない世界を対象化して、自我や物を実体的な存在とみなして、それに執着する。自我に振り回され、物に振り回され、苦しんでいる。智慧あるものは、この唯識の道理こそ学ぶべきだ、ここに本当の真実が明らかになっているではないか、という。

というわけで、因果、もしくは縁起は、唯識思想によれば、仮の設定になったわけだが、この仮の設定のもとの世界の現在そのものは、言語を離れていると示されていた。じつは仮の設定以前の世界は、現在が現在になりつくしている世界、そこにあるだろう。

というわけで、縁起は、唯識では仮設《けせつ》となり、『中論』では不成立となってしまった。この因果関係すら消えてしまう地平は、対象的分別がいったんは解体されざるをえないということを意味しており、その解体された地平は、たびたびいうが、絶対現在のただなかであり、不可得の主体が主体そのものとして活動しているただなかであろう。

十世の法——華厳思想の時間論

しかし、その現在がもとづく「時間＝存在」の構造を反省したとき、ある「現在＝存在」は他の「現在＝存在」と関係しあっていることはまちがいないであろう。過去があるから現在があり、一方、未来を描くから現在があるといえるし、現在が過去の意味を照らしだし、現在が未来のあり方を規定することは当然のことである。こうした時間的な因果関係の内実を、華麗に表現したのが、華厳宗の時間論である。

華厳宗は、一入一切・一切入一、一即一切・一切即一、ひいては、一切入一切・一切即一切（重重無尽）といった（ここの一は、個物のことで、全体のことではない）、めくるめくような世界観を説くが、その代表的な綱要書である『華厳五教章』には、前にもふれた十玄門という一つの法門、つまり一つの思想がある（一九六～一九八頁参照）。ここでは、十の観点から、いわゆる事事無礙法界の論理構造が解明されていた。事事無礙法界とは、個々の事物が妨げなく関係しあい、その関係は重重無尽であって、そうしたなかで、個々の事物は相互に一体であり、融合し、かつしかもかけがえのないおのおのである、といった世界である。じつはこの法界とともに、理事無礙法界というものがあるが、事事無礙法界では、その理がもはや消えている。ある意味で、絶対はその姿を消して、この現実世界になりつくしているということである。それはともかく、十玄門のなかに、十世隔法異成門《じっせきゃくほういじょうもん》というのがあった。それはつぎのようであった。

・十世隔法異成門

時間に約して相即・相入無礙の理を説く。一念と九世で十世。十世各別で区分があるが、それらが相即・相入してしかも前後長短の相状を失わないことを言う。

この十世という時間の把握は、華厳独得のものである。仏教ではよく三世というが、それはいうまでもなく、過去・未来・現在である。しかし過去のある時点をとればそこを境に、それ以前・それ以後があることになる。私の誕生の瞬間を過去の現在とすれば、それ以前は過去の過去であり、それ以後は過去の未来ということになり、過去に三世があることになる。未来のある時点を未来の現在とすれば、それ以前が未来の過去、それ以後が未来の未来となり、未来の三世があることになる。こうして、過去・未来・現在にそれぞれ三世があることになり、全部で九世があることになる。この総体を一世と見て、全部で十世あるということになる。華厳宗では、このように時間を見ているのである。

この十世の法、つまり存在（諸法）は、それぞれ隔たり異なっているものの、しかも相入・相即し、互いに関係しあい融けあっているということが成立しているというのが、十世隔法異成門である。事事無礙法界は、単に空間的のみではない、時間的にも成立しているというのである。

ただし、大乗仏教では、現在実有・過未無体（現在の存在は存在するが、過去や未来の存在は存在しない）というのが、時間と存在にかんする基本的な立場であった。もし、過去や未来は本来、存在しないのだとしたなら、このような三世ないし九世、十世の法の間の関係は、成立すると言えるであろうか。そんなことは、まやかしだということになる。このことについては、華厳宗では、過去の現在の法、未来の現在の法は、一応、存在するとみて、それらの法の間の関係を見るのである。実際、現在・今は、いつの世でも存在するはずである。そのいずれかの現在をもとにして、ひいては九世、十世がいえるというのも、まあおかしくはないであろう。

こうして、空間的だけでない、時間的にも存在そのもの（法）が、重重無尽に融合しあって、しかもおのおのであることが成立していることになるのである。

今に立ち尽くす

ここから、道元の「有時」の巻のつぎの言葉は、理解しやすいかもしれない。

有時に経歴《きょうりゃく》の功徳あり、いはゆる今日より明日へ経歴す、今日より昨日に経歴す、昨日より今日ゑ経歴す。今日より今日に経歴す、明日より明日に経歴す。経歴はそれ時の功徳なるがゆへに。(『道元　上』日本思想大系一二、二五八頁)

ただ、このことも、すべては絶対現在の現在に立ってのことなのであろう。道元の言いたいことはむしろ、すべては、今より今へなのであり、そこに根源的な主体が成立するということであろう。そこが仏教の時間論の根本なのである。この、今に立ち尽くす、今になり尽くすとき、全体作用する絶対のいのちに生きることになる。

十二時を使う

最後に念のため添えておくが、昔、趙州《じょうしゅう》という有名な禅のお坊さんがいた。『無門関』という禅書の最初、第一則は、ある修行者の「犬にも仏性はあるのか」という問いに、その趙州和尚が「無!」と答えたというものであった。「一切衆生、悉有仏性」というのに、なぜ「無」なのか、まずはこれを明らめよ、というわけである。さあ、読者はどう思うであろうか。

それはともかく、この趙州和尚は、ある修行僧に、「問う、十二時中、如何が心を用いん」と問われて、「師（趙州）云く、你《なんじ》は十二時に使わる、老僧は十二時を使い得たり」（『趙州録』）と答えたという。おまえさんは十二時に使われているが、おれさまは十二時を使っているぞ、というのである。仏教の時間論を学んだなら、十二時に使われるのではなく、十二時を使っているのでなければならないであろう。

結　「哲学としての仏教」への一視点

独特の「知」のあり方

　これまで、「存在・言語・心・自然・絶対者・関係・時間」という主題をとりあげ、仏教思想のなかにその追究のあり方を尋ねてきた。これらの主題はすべて、我々の世界の根源的な問題である。しかし仏教はこれらについて、どこまでも掘り下げていく思索を展開していた。仏教には、まぎれもなく「哲学」があることが知られたであろう。それもきわめて精緻な論理的な究明があることが知られたことと思う。しかもそれらは、西洋の哲学史において、ようやく現代にいたって自覚されたことであったり、いまだ自覚されていない深みであったりして、じつに新鮮であり先端的であることもうかがえたことと思う。

　もちろん、歴史的に早く認識していたからといって、だから優れているというわけではない。しかし西洋でも論じられてくるようになったことにおいて、その「知」はけっして局地的・局時的なものではなく、むしろ普遍的で悠久の時を貫く真理を語っていることが推察されるのではなかろうか。

元来、哲学とは、「知（ソフィア）を愛すること（フィロ）」であるという。「知」を愛するのであれば、おのずから古今東西の「知」のあり方を探求し、人類の「知」の集積の前に謙虚でなければなるまい。このとき、哲学は西洋だけにあるのではなく、仏教などの東洋思想にも存在していることを見逃すべきではないであろう。日本には哲学がないとも言われるが、けっしてそのようなことはなく、今まで見てきたように、特に鎌倉期頃までは、まさに独創的で深い哲学も大いに唱導されていたのである。とりわけ天台宗や真言宗においては、世界観の体系的な探求に関わる議論がさかんになされていた。

しかもそこにある「知」は、単に理性の領域にとどまらないという特質もある。仏教の究極の知、覚りは、禅定と不可分であり、主観客観ないし身心の分裂を遡及《そきゅう》しての、いのちの原点にもとづく知でもある。したがってその論理は対象論理を超えた、独自の視点に立つものとなる。その独特の「知」のあり方を、今は私なりに説明してみたのであった。

自己と世界にかんする真実と真理

言うまでもないことであるが、私はただ仏教は哲学であるということだけを主張しようとしているわけではない。仏教はもとより宗教であり、生死の問題の解決こそを一大事とするものである。その己事《こじ》究明を事とする宗教としては、一方で煩悩深重《じんじゅう》の自己がいかに救われるかという切なる想い・願いに応えるものがある。そこには、深い信心、すなわちどうしようもない自己の自覚と、超越者に抱かれていた事実の自覚という信心を、その超越者の側からともに恵まれるというような不思議もある。あるいは身心の行法を通じて対象的知を透脱するなかで自己が無限に開かれ、と同時に今・ここにおけるこのかけがえのない生を十全に生き抜くことが実現したりするであろう。

そういう立場からいえば、仏教は単なる哲学ではない、単なる知ではない、という意見も高く唱えられて当然であろう。私もただ仏教は哲学だということのみをいうつもりはない。仏教は宗教であることが根本であり、あるいはそこからまた、倫理や道徳に出てくる可能性さえ、展望できるであろう。その意味では、「宗教としての仏教」や「倫理としての仏教」なども、当然、一つの明らかにすべき主題となる。

しかしその宗教としての仏教のなかに、きわめて論理的に自己と世界にかんする真実と真理とを究明し、かつ表現しており、そこにいわば哲学としての側面があることも事実である。私は本書において、その方面を紹介してみたのであるが、じつに存在・時間・言語など、広汎な問題にわたっての限りなく深い「知」が、仏教に豊かに存在していた。混迷を深める現代社会にあって、この仏教の貴重な哲学は、もう一度、真剣に見直されてよいはずと思うのである。

理性への過信の問題

この仏教思想の現代社会における意義を再確認するために、ここで、現代という時代の状況について、ざっと概観してみよう。近現代史を概観すれば、今やキリスト教やマルクシズムといった精神的・文化的一元的価値が崩壊し、思想・価値観の多元化が進んできた。絶対というものはなくなったという、ポスト・モダンといわれる状況である。ひと頃は万能と思われた科学もまた、その絶対的な価値を失ってきている。科学技術は結局、種の問題をひきおこしてきたし、主客二元論にもとづく対象論理と要素還元主義を特質とするその科学的知では解明しきれないことも多々あることが、広く認識されてきたからである。今や人類を覆う一元的価値のようなものは、存在していないことであろう。

しかし一方で、競争原理にもとづく市場経済至上主義という経済的・制度的一元的価値が台頭してきた。いわゆるグローバル・スタンダードの席巻である。だがその下に格差が拡大する一方のなかで、だからこそ逆に地域の独自性の尊重を求める多元主義への要求も起きてきている。グローバルな関係が密になればなるほど、ローカルな多元性の実現が望まれ、物質的にも精神的にも一部による多数の支配ではない、多様性・多彩性の共生が求められている。

このように見れば、現代は多元化の時代であるとまず見ることができよう。キリスト教の唯一絶対の正しさが疑われてきたことは、人間の理性の発展によるものであろう。マルクシズムが破綻したことは、歴史が論理だけでは進まないことを物語っている。科学が隘路《あいろ》に陥っていることは、理性偏重の果ての結果であろう。

結局、精神的・文化的一元的価値の崩壊は、ほぼ、人間の理性に対する過度の信頼の末の問題である。一方、新たな経済的・制度的一元的価値すなわち競争原理も、上述のようにアトム（原子）的個人観、効率至上にもとづくもので、やはり人間の理性（合理性）への無反省な信頼にもとづくものである。要は、人間の理性への過信が、今日の種種の問題を生みだしているといえよう。人間の理性への信頼の過程を近代化といえば、現代は近代化のもたらした種種の矛盾が噴出している時代だと言えると思うのである。

他者問題としての環境問題

そうしたなか、現代社会の具体的な問題として、国際的にはやはり環境問題、南北間格差の問題、国内的にも競争原理にもとづく格差の問題などがある。

全体として、特に最近、環境問題から発展して、サステイナビリティ（持続可能性むしろ維持可能性）の問題も、大いに関心を集めているであろう。たしかに今日、温暖化の問題が注目され、温室効果ガス削減についての合意の問題が、国際社会の焦眉の課題になっている。けれども、サステイナビリティの問題はもちろんそのことだけではなく、そこには、人口問題・食糧問題・水問題・衛生ないし安全の問題・貧困の問題・紛争など社会的コンフリクトの問題をはじめ、さまざまな問題がふくまれている。いずれも地球社会全体の安全と維持可能性とを損ないかねない、深刻な問題である。

仮に環境問題が科学技術によって劇的に改善・解決されたとしても、人間社会に潜む支配―被支配、抑圧―被抑圧といった関係がなお維持され、むしろより拡大していくとするならば、地球社会の矛盾は何も解決されないことになる。先進国が一方的に豊かさを独占していく場合、貧困にあえぐ人びとの割合がより増していき、仮に大量の餓死者を出すとすれば、このことはやはり地球社会全体にとって健全な存続とはまったく言いえない。天災であれ人災であれ、その被害はしばしば弱者に集中して現れるものである。一部の人間による、人と自然の支配・搾取がなお未来にわたってつづくならば、まさに地球社会のサステイナビリティは危うくなる。

サステイナビリティの問題は、我々が未来世代の他者の豊かであるべき人生をどのように侵さずにすますことができるかの問題である。現には存在しない他者との関係さえも、現代の我々はじつは切実に問われていることを、もっともっと自覚すべきである。環境問題は、その意味では、他者問題なのである。このとき、我々は今、単に未来世代の他者のみでなく、同世代における他者との関係もまた、切実に問われていることを思うべきであろう。

幸い、現代社会においては、他者の存在を顧みずに個人（ないし一部選別された者）の欲望をひたすら追求する立場では、多くの悲惨な状況を生みだす事実の認識と反省とが、一部の人びとに共有されてきており、その告発さえなされてきている。人間優位の立場で、環境の汚染・破壊をとめどなく進めてきたことへの反省も、この文脈のなかにある。その潮流は、個人主義と競争原理にもとづく市場経済至上主義というグローバル・スタンダードの席巻に対する、必死のプロテストという意味を持つことになろう。もっとも、アメリカの金融危機に発して、この市場経済至上主義は、じつに今日（二〇〇八年秋以降）において、ものの見事に破綻してしまったが。

このように現代の先端においては、単なる理性偏重＝対象論理の立場を乗りこえつつ、他者との関係の裁ち直し、地球社会の新秩序をどのように構築していくかが、切実な問題になっている。

改編への手掛かり

このような危機的な転換期にこそ、かえって根源的な、深い哲学的省察が必要なはずである。あらためて自己の本質、さらには存在や認識など、世界の根源にまで降りたっての、根本的な洞察こそが求められているはずである。そうした哲学であればこそ、たとえ社会の運営に直接、関与しえなくとも、まずは現体制の問題点を根源的に批判することができる。やはり、個人主義にもとづき、競争原理のみによる市場経済至上主義には、本来の人間の、あるいは共同体のあり方からいって、座視できないものさえあるのではなかろうか。このとき哲学は、人間のいのちの根本的なあり方をふまえて、どの人間もおのおの自己実現を果たしうるようなあるべき社会の制度設計の根本理念などを、世に提言していくことはできるはずである。そこに哲学の大きな役割があると思われる。

おそらく仏教もまた、宗教として、哲学として、本当はそういう役割を真摯に、誠実に果たしていくことが、求められているのではなかろうか。

実際、現代社会において課題となっている社会のあり方・個人の生き方の模索を展望・支援することは、仏教にはかなりの程度できそうである。そもそも一般に宗教の世界は、しばしばアトム的な個人の立場は超え、競争ないし抑圧や差別には反対し、人間優位の立場への批判も有し、超越的な立場からの世間世俗の世界や価値の相対化の視点を持ってさえいるからである。

宗教の世界では多くの場合、個人は個人では完結せず、なんらか個人を超える存在によって成立し、その個人を超えるものへの畏敬の念を有していることが多い。しかも、他者もまたその同じ超越的存在のなかに成立し、そこにおいて自他は本質的に共同体的存在であることも自覚される。それも人間だけでない、他のいのちあるものにも、同一の構造を見る。それゆえ、自他間の深い共感も成立し、むしろ共苦にもおののいて、弱者への配慮はおのずからのこととなる。このことはやがて、抑圧や不公正に対するプロテストとして行動するものとなるであろう。

そのようにおそらく宗教の多くは、個人主義や競争原理などの根底にある、理性重視の立場、二元対立のなかでの一方の取捨、分割と支配の立場、対象論理などとは根本的に異なる原理と世界観を表現している。

もちろん仏教の哲学には、豊かにそうした思想が展開されていた。理性偏重からは見えなくなってしまった世界のあり方が、そこには豊かに表現されているであろう。それは、関係主義的世界観であったり、生即死、現実即実在、罪即救済などの洞察であったりして、人間存在の深みに根差したいのちの讃歌となっている。その多くは、疲弊しきっている「現代社会」のより人間的な方向への改編案に、重要な手掛かりをもたらしてくれるにちがいない。

自己は他者の全体という哲学

というわけで、哲学からいきなり社会に出てきたようであるが、じつは現代社会の諸問題をも見すえていたからこそ、仏教の人間観・世界観の探求が必要だったのであり、上述の各章もこの文脈において再度、顧みてほしいものである。そこには、身心としての個体と環境世界とが一つであるところに一箇のいのち（自己）が見出されたり、今・ここの脚下にこそ時空の中心があるような見方が示されていたりしていた。通常の人間観・世界観を根底から解体するような、新鮮な「知」が存在していた。いずれも自己と世界の真実を了解・確認するための重要な手掛かりを提供していよう。

そうしたなかで、特に他者との関係の裁《た》ち直しという課題に関連して、仏教が見ている自己のあり方、すなわち自他不二のあり方を、もう一度、具体的になぞってみたい。それにはさまざまな視点がありえたが、今は、紙数の関係もあり、ほんの一つ、空海の密教から述べてみる。

空海が、『秘密曼荼羅十住心論』や『秘蔵宝鑰《ほうやく》』で「十住心」の思想を展開したことはすでに述べた（一一〇～一一二頁参照）。これは、人間の心の追究といえるが、特に第七・覚心不生心（三論宗）においては、絶対否定のただなかに入り、第八・如実一道心（一道無為心等ともいう。天台宗）においてそのまま絶対肯定によみがえる。その絶対の死を経てのよみがえりということは、多くの宗教における共通の特徴ともいえるであろう。そのことは他の文化領域に見られない宗教の世界独自の特質であり、ここに世間世俗の価値を根源的に批判しうる基盤があることを忘れてはならない。

さらに第九・極無自性心（華厳宗）においては、その絶対も絶対に自らを否定し（真如不守自性）、無尽の縁起をなす現象世界（事事無礙法界）のみが浮かび上がってくる。そして最後の第十・秘密荘厳心（真言宗）においては、結局、自心とは諸仏諸尊などの曼荼羅（輪円具足）そのものであるとの主張が示されていた。華厳思想では一般的に事象の間の無限の縁起的世界が語られていたのが、この曼荼羅ではそれが諸の人格（身）の間の縁起的世界として、いわば立体化されたと見ることができ、しかもその世界全体が即自己にほかならないと説くのである。第三章で紹介した、『秘密曼荼羅十住心論』の第十住心冒頭のつぎの句は、端的にそのことを示していよう。

秘密荘厳住心とは、即ちこれ究竟じて自心の源底を覚知し、実の如く自身の数量を証悟す。いわゆる胎蔵海会の曼荼羅と、金剛界会の曼荼羅と、金剛頂十八会の曼荼羅とこれなり。かくの如くの曼荼羅に、おのおのに四種曼荼羅・四智印等あり。四種と言っぱ、摩訶と三昧耶と達磨と羯磨と、これなり。かくの如くの四種曼荼羅、その数無

量なり。刹塵も喩にあらず、海滴も何ぞ比せん。(『弘法大師全集』第一輯、三九七頁)

すなわち、自心の源底に、かの曼荼羅に表わされるような諸仏諸尊等々が存在しているのだというのである。

あるいは同じく空海の『即身成仏義』の「即身成仏頌《じゅ》」には、つぎのようにある。

六大無礙《むげ》にして常に瑜伽《ゆが》なり、
四種曼荼各々離れず、
三密加持すれば速疾に顕わる、
重重帝網《じゅうじゅうたいもう》なるを即身と名づく。(前掲書、五〇七頁)

三密加持して即身成仏したとき、自己とは、帝釈天の宮殿にかけられている飾りの珠網によって喩えられるような、一切の他者との重重無尽の関係の全体にほかならないことが、自覚・実現されるというのである。その無尽の関係は、空間的のみでなく、時間的にも広がっていることは言うまでもない。

これらには、自己がじつは時間的・空間的にあらゆる他者の全体であるという、日常的理解にとってはきわめて不可思議な自己観・人間観がある。近代的合理主義ではとうてい及びもつかない自己了解である。しかしそれは単なる空想や夢想ではなく、行体験にもとづく確かさもあり、論理的にも理解可能な言説ではあろう。

共に震える

ちなみに、空海により顕教の最高位におかれた華厳宗で説く「真如随縁、不守自性」(真如は縁に随い、自性を守らず)は、西田幾多郎の宗教哲学における、「絶対者は絶対に自らを否定して相対に翻る」に照応し、またその華厳の説く事事無礙の重重無尽の縁起の世界は、西田哲学の「個は個に対して個である」のテーゼに照応している。ここに、唯一のかけがえのない個(人)は、じつは他者との関係に入ることなしにありえない(個は唯一では成立しない)という矛盾的事態が、個の実相であることが明かされているのであった(二六七頁以下参照)。西田の宗教哲学と華厳思想との関係は、今後さらに究明されるべき興味深い主題だが、個の成立にかんしてほぼ同一の論理構造を語っているといえるだろう。あるいは事物と事物との無尽の縁起を説く華厳の事事無礙法界よりも、空海の説く人格的な個個の無礙渉入が表現されている曼荼羅世界の基盤に、西田の哲学を置いてみることも、興味深いかもしれない。

前に環境問題は他者問題であると述べたが、こうした根源的な自己了解にもとづいて、具体的な人間社会の組織・秩序を構想するとき、おそらくは単純な競争原理の採用にはならないであろう。他者は他己となり、他者の苦しみは自己の苦しみとなって、悲しみが根本に据えられてくるにちがいない。慈悲の悲、カルナーの語の意味は、「共に震える」であるという。共感・共苦を根本とした世界が、ここに成立してくる可能性があるのではないか。未来の時代を拓くためには、こうした根本的な自己の了解から、社会の制度設計にも出てくるべきであろう。

そのように仏教は、現代社会の危機的な状況を克服していくという課題に対して、哲学としての深い「知」を有していればこそ、そこから多くの貢献をなしうることと思うのである。

宗教と倫理・道徳との違い

それにしても、これだけの思想を持っている仏教が、なぜ今日ではさほど社会に力を持てていないのであろうか。いや真宗や日蓮系の新仏教などは、かなり広範な人びとの生きる支えとなっていることも事実であろう。他の天台宗や真言宗、念仏や禅なども、多くの信者さんを擁して、それぞれ地道な活動に努力しているにちがいない。けれども、社会一般に大きな影響力を及ぼしているとは、やはり言いがたい気がする。仏教の持っている本来の力が、社会全体にじゅうぶんには発揮されていないと思わざるをえないのである。いったいこれはどうしてなのであろうか。

思いつくままにその要因をあげてみると、まず、宗教というものは、前にもいうように、社会的関心を展開するよりも、どうしても実存の問題、自己の問題に深く関わるものであるという事情がある。道元も、「生をあきらめ死をあきらむるは、仏家一大事の因縁なり」と言っている（『正法眼蔵』「諸悪莫作」『道元　上』日本思想大系一二、三六三頁）。ここの仏家というのは、仏教徒と考えればよい。生死を究めることこそ、仏教ないし宗教の一大問題なのである。それは、死後どうなるのか、などを知ることというより、今・ここで、自己とは何かの問題に心からうなずけることといってよい。ゆえに西田幾多郎も、宗教の問題は、自己とは何か、自己のありかはどこにあるか、の問題だ、と言うのである。西田は、つぎのように言っている。

宗教の問題は、我々の自己が、働くものとして、如何にあるべきか、如何に働くべきかにあるのではなくして、我々の自己とは如何なる存在であるか、何であるかにあるのである。（中略）人は往々、唯過ち迷ふ我々の自己の不完全性の立場から、宗教的要求を基礎附けようとする。併し単にさう云ふ立場からは、宗教心と云ふものが出て来るのではない。相場師でも過ち迷ふのである、彼も深く自己の無力を悲むのである。又宗教的に迷と云ふことは、自己の目的に迷ふことではなくして、自己の在処に迷ふことである。(「場所的論理と宗教的世界観」『西田幾多郎全集』第十巻、三三二～三三三頁)

西田は、倫理・道徳は自己がどのように行為すべきかの問題であるが、宗教はその自己がそもそも何であるのかの問題であり、両者はじつは異なる問題に関わっているのだ、と指摘している。

自己はどのように行為すべきか、という問題意識にあっては、自己そのものはなんら疑われておらず、むしろ自明の存在として受けとめられていて、その自己がどのようにすれば義とされるかが関心の的になっている。善人という、義とされるべき存在に、自己がいかにしてなりうるか、その自己を得ることが追究の対象となっている。これに対して宗教という世界では、この自己そのものがいったい何なのかが疑いの対象になり、己事究明こそが主題となるのだというのである。

こうして、倫理・道徳と宗教とは、本質的にまったく異なるものであることが鋭く指摘されている。我々は、この宗教と倫理にかんする根本的な相違点を、よく理解しておく必要がある。そして、この自己とは何かの問題をめぐって、その問題を根源的に究明していくためには、世界とは何かの広汎な問題もまた、一つ一つ解明されるべきこととなるわけである。そこに、存在・言語・認識・時間などの問題も関わってくることになる。

ともあれ、この宗教の自己を究めるという問題は非常に深く大きな問題だけに、ここから現実社会に出てくることが、時にきわめてむずかしくなる、ということがあるのであろう。自己を追究することだけで、人生の生涯を費やすこともじゅうぶんにありうることである。とはいえ、その究明されるべき本来の自己は、じつは自他不二の自己であれば、おのずから社会性に出てこざるをえないであろう。ここに、宗教から倫理・道徳への道もまたあるはずである。現実社会への通路があるであろう。このことは、本来、真剣に追究されるべきであろうが、日本の仏教においてはいまだじゅうぶんに検討されていないことも事実である。

日本仏教の課題

そのことに加えて、日本仏教が、哲学・思想としてあまり社会的な力を持っていない理由には、またつぎのようなことがあるのではなかろうか。

①仏教団体はつねに国家主導のもとにおかれ、時代の課題に対し主体的に思索する伝

統が築かれなかった。
②日本仏教の展開はおのずから末法の世における民衆の易行《いぎょう》による救いに流れることになり、鎌倉新仏教以降、複雑な教理はあまり顧みられなくなっていった。
③宗派仏教が全盛となり形式化して、仏教（大乗仏教）の根本的な立場からものごとを考えるあり方が希薄になった。
④江戸時代に、幕府の宗教政策によって、仏教の活発な活動は宗門内に完全に抑えこまれ、瑣末訓詁《さまつくんこ》の学に陥った。
⑤明治時代の排仏毀釈《きしゃく》によって、仏教の力がひどく衰えた。
⑥近代以降、西洋の仏教学の導入により、文献学が主流になり、伝統教学の思想の深さの継承・展開に目が向けられなくなった。等々。

おそらく、今、日本で仏教というと、ただちに想起されるのは、念仏や唱題、もしくは坐禅などの仏教ではないだろうか。いわゆる鎌倉新仏教の、易行としての一行を選択したあり方の仏教である。けれども、それらが出てきた背景には、奈良時代や平安時代の仏教があった。法相・華厳や天台・真言の仏教があった。そこには、たいへんな哲学の営みがあった。その深い世界観は、これまで見てきたように、現代にもつながる、むしろ超モダンな、しかも考え抜かれたものなのであった。

もちろん、鎌倉時代以降の易行ないし信心の仏教の、じつは思想的に驚くほどの深さも、また見逃すことはできない。しかしながらそればかり追っているうちに、奈良・平安の仏教の雄渾《ゆうこん》なコスモロジーを語る深い哲学を忘れてしまったら、少々もったいない気がする。特に混迷を深める時代には、もう一度、ものごとを根本から考えてみなければならないはずである。宗派性をとりはらって、本質に迫らなければならないはずである。

このときもっと、仏教が本来持っていた豊かな思想・議論に耳を傾けるべきではなかろうか。そして、それらを現代社会の課題に応えうるよう、さらに鍛え上げていく必要がある。このことには、既成の仏教教団も真剣に取り組んでいく必要があるし、一方、一般の個人においてもまた、本来、根源的に哲学的思索を展開する仏教思想を学ぶなかで、そうした時代の問題を考え、仏教のあり方に影響を与えていくことは、たいへん、意義深いことであろう。

このとき、その初めの一歩として、本書が何らかのガイド役を果たせたならば、たいへんうれしく思うのである。

あとがき

私はふつうの家に生まれ、少年の頃も仏教とはまったく無縁のなかで育ってきた。それがいつしか仏教の勉強を志すようになり、以来、もはや四十年くらいは経っていることになる。大学に入る前の頃から、書物などの影響により、仏教の世界に憧れを持つようになったのであった。今、四十年も過ぎてしまったのだと思うと、この間、じゅうぶんに研究に打ち込むことも乏しく、いまだ佳境に到達しえていないことをしみじみ嘆くしかない。

しかしそれでも、仏教のものの見方・考え方に出会い、さまざまな新鮮な知見に出会えたことは、本当に幸福に思う。仏教思想に出会わなければ、このように深い真実に迫った自己と世界の見方を得ることはできなかったであろう。それらを得たことによって、私の心の持ち方は、どれほど豊かになったかしれない。少なくとも、これらを知った場合と知らなかった場合とでは、この一回限りの人生に雲泥の差があったことであろう。

私は、仏教学の世界にはいるが、ほとんど自分の関心、問題意識にひかれるままに、仏教思想に取り組んできた。したがって、私が取り組んできた分野はいささか多岐にわたってしまっているが、およそをいえば四つの領域に分類できよう。一つは、唯識思想研究である。二つは、『大乗起信論』および華厳思想研究である。三つは、禅思想および日本仏教研究である。四つは、西田幾多郎・鈴木《すずき》大拙《だいせつ》の宗教哲学研究である。これらを貫く立場は、宗教的救済ということへの主体的関心にもとづく哲学的研究といえようか。

今日の仏教学は、一般に、文献学的方法にもとづく思想史研究となっている。日本の仏教学を担う大半が、宗門の関係者であり、自己の所属する宗門の思想・価値の再検討を避ける傾向にあり、価値判断をともなわない客観的研究に向くことが多いことが、そのことに深く関係していよう。私自身は、哲学的な関心が強く、たとえば特に西田幾多郎の宗教哲学と仏教の教理を対照させるなかで、仏教思想の新たな意味を見出そうとしたりしている。

思うに、仏教はとりわけ哲学的な宗教である。そのことは、私が現在、奉職している東洋大学の学祖、井上円了《いのうええんりょう》博士のつぎの言葉に明らかである。

「すでに哲学界内に真理の明月を発見して、更に顧みて他の旧来の諸教を見るに、耶蘇教の真理にあらざることいよいよ明らかにして、儒教の真理にあらざることまたたやすく証することを得たり。ひとり仏教に至りては、その説、大いに哲理に合するを見る。余、ここに於て再び仏典を閲《けみ》し、その説の真なるを知り、手を拍して喝采して曰く、何ぞ知らん、欧州数千年来、実究して得たる所の真理、早くすでに東洋三千年前の太古にありて備わるを」(『仏教活論序論』)。

円了博士は、少年ともいえる頃から、キリスト教、儒教、西洋哲学と、真理を探索して彷徨していたのだった。そして、ようやく西洋哲学の世界に、それを見出したと思ったのであった。しかしそれは、もともと仏教にあったではないかと気がついたというのである(なお今日から見れば、キリスト教にも深い真理がたたえられていると思われるが)。こうして、円了博士においては、哲学と宗教(仏教)は一つのものの両面と見られるのであった。

「余思うに、哲学の極意は、理論上、宇宙真源の実在を究明し、実際上、その本体に我心を結托して、人生に楽天の一道を開かしむるに外ならず。此《ここ》にその体を名づけて絶対無限尊という」(『哲学堂案内記』)。

「余の信仰を自白すれば、表面には哲学宗を信じ、裏面には真宗を信ずるものである。……これと同時にその体は一つであるから、哲学宗の立て方を裏面より眺むればたちまち真宗となり現れてくる。もとより真宗にかぎるという訳ではない。一つの哲学宗が裏面の眺め方によりて、禅宗ともなれば浄土宗ともなり、真宗ともなれば日蓮宗ともなる」(『哲学上に於ける余の使命』)。

この円了博士こそ、哲学の教授を通じて時代に有為の人材の育成をはかる哲学館を創建し、「三田の理財（＝経済）」、「早稲田の政治」とならんで「白山の哲学」と称された東洋大学の基を築いたのであった。

そのように、仏教は哲学でもあるのであるから、私は今後とも、仏教を哲学として研究していきたいと思う。すでに本書にも述べたように、たとえば、縁起の思想は関係主義的世界観であり、空の思想はあらゆる実体論批判を果たし、かつ無の絶対者の思想などとも一致し、その言語観はウィトゲンシュタインやソシュールを先取りしたものであり、唯識の阿頼耶識説はフロイトやユングの深層心理説よりはるかに深いものであった。これらの仏教の「知」は、現代哲学とじゅうぶんに深く対話しうるものだと思うのである。

そうした仏教の思想は、また時代を拓くものともならなければならないであろう。西田幾多郎は晩年、あるキリスト者（菅円吉）への手紙に、「どうか私の哲学からの宗教的世界観を御研究下さい。一面に無論仏教的ですが、一面に歴史的人格的です。全くTillich（ティリッヒ。一八八六～一九六五。二十世紀を代表するプロテスタント神学者・宗教哲学者。筆者注）などと通じます。併しもつともつと論理的に哲学的です。……」（昭和二十年三月九日付）と書いた。西田は、仏教的であると同時に、歴史的人格的であるような哲学をめざしていたのである。また鈴木大拙には、「私は即非の般若的立場から人といふもの即ち人格を出したいと思ふのです。そしてそれを現実の歴史的世界と結合したいと思ふのです。……」（昭和二十年三月十一日付）と書いている。西田は、敗戦の色濃い、未曾有の危機的な状況のなかで、自己の哲学の方向を確認し、見据えていた。

私もまったく微力ながら、少なくともこの問題意識を受け継ぎ、今後もこのことを追求して行きたいと思う。と同時に、若い人びとこそが、この貴重な「心の世界遺産」としての仏教思想、仏教哲学に関心を持ってくださり、それを鋭意、時代に活かしていくことをめざしてくれるなら、心からうれしく思うのである。

最後に、本書の刊行に親身になってお世話くださった講談社の所澤淳氏および関係各位に、厚く御礼申し上げる。

平成二十一年二月二十五日

つくば市故道庵にて

竹村牧男

講談社現代新書　1988

入門《にゅうもん》 哲学《てつがく》としての仏教《ぶっきょう》

二〇〇九年四月二〇日第一刷発行　二〇二五年四月二一日第一〇刷発行

著　者　竹村牧男《たけむらまきお》

発行者　篠木和久
発行所　株式会社講談社
　　　　東京都文京区音羽二丁目一二―二一　郵便番号一一二―八〇〇一
電　話　〇三―五三九五―三五二一　編集（現代新書）
　　　　〇三―五三九五―五八一七　販売
　　　　〇三―五三九五―三六一五　業務
装幀者　中島英樹
印刷所　株式会社ＫＰＳプロダクツ
製本所　株式会社ＫＰＳプロダクツ
定価はカバーに表示してあります　Printed in Japan

N.D.C. 181　262p　18cm
ISBN978-4-06-287988-0

「講談社現代新書」の刊行にあたって

教養は万人が身をもって養い創造すべきものであって、一部の専門家の占有物として、ただ一方的に人々の手もとに配布され伝達されうるものではありません。

しかし、不幸にしてわが国の現状では、教養の重要な養いとなるべき書物は、ほとんど講壇からの天下りや単なる解説に終始し、知識技術を真剣に希求する青少年・学生・一般民衆の根本的な疑問や興味は、けっして十分に答えられ、解きほぐされ、手引きされることがありません。万人の内奥から発した真正の教養への芽ばえが、こうして放置され、むなしく滅びさる運命にゆだねられているのです。

このことは、中・高校だけで教育をおわる人々の成長をはばんでいるだけでなく、大学に進んだり、インテリと目されたりする人々の精神力の健康さえもむしばみ、わが国の文化の実質をまことに脆弱なものにしています。単なる博識以上の根強い思索力・判断力、および確かな技術にささえられた教養を必要とする日本の将来にとって、これは真剣に憂慮されなければならない事態であるといわなければなりません。

わたしたちの「講談社現代新書」は、この事態の克服を意図して計画されたものです。これによってわたしたちは、講壇からの天下りでもなく、単なる解説書でもない、もっぱら万人の魂に生ずる初発的かつ根本的な問題をとらえ、掘り起こし、手引きし、しかも最新の知識への展望を万人に確立させる書物を、新しく世の中に送り出したいと念願しています。

わたしたちは、創業以来民衆を対象とする啓蒙の仕事に専心してきた講談社にとって、これこそもっともふさわしい課題であり、伝統ある出版社としての義務でもあると考えているのです。

一九六四年四月　野間省一

哲学・思想Ⅱ

宗教

世界の言語・文化・地理

日本史Ⅰ

世界史Ⅰ

心理・精神医学

331 異常の構造——木村敏
590 家族関係を考える——河合隼雄
725 リーダーシップの心理学——国分康孝
824 森田療法——岩井寛
1011 自己変革の心理学——伊藤順康
1020 アイデンティティの心理学 鑪幹八郎
1044 〈自己発見〉の心理学 国分康孝
1241 心のメッセージを聴く 池見陽
1289 軽症うつ病——笠原嘉
1348 自殺の心理学——高橋祥友
1372 〈むなしさ〉の心理学 諸富祥彦
1376 子どものトラウマ——西澤哲

1465 トランスパーソナル心理学入門——諸富祥彦
1787 人生に意味はあるか 諸富祥彦
1827 他人を見下す若者たち 速水敏彦
1922 発達障害の子どもたち——杉山登志郎
1962 親子という病——香山リカ
1984 いじめの構造——内藤朝雄
2008 関係する女 所有する男——斎藤環
2030 がんを生きる——佐々木常雄
2044 母親はなぜ生きづらいか——香山リカ
2062 人間関係のレッスン 向後善之
2076 子ども虐待——西澤哲
2085 言葉と脳と心——山鳥重
2105 はじめての認知療法——大野裕

2116 発達障害のいま——杉山登志郎
2119 動きが心をつくる——春木豊
2143 アサーション入門——平木典子
2180 パーソナリティ障害とは何か——牛島定信
2231 精神医療ダークサイド 佐藤光展
2344 ヒトの本性——川合伸幸
2347 信頼学の教室——中谷内一也
2349 「脳疲労」社会——徳永雄一郎
2385 はじめての森田療法 北西憲二
2415 新版 うつ病をなおす 野村総一郎
2444 怒りを鎮める うまく謝る 川合伸幸

日本語・日本文化